HEYNE<

CLAUS-ECKART SCHMIDT studierte Politikwissenschaft, Öffentliches Recht, Geschichte und VWL in Münster, München und Hamburg. Schon während des Studiums begann er als freiberuflicher Moderator zu arbeiten, was er noch bis heute für große deutsche Konzerne tut. Er selber bezeichnet sich zudem als »Edutainer« und »Wissenschaftssatiriker«. Mit seinen skurrilen Erkenntnissen aus der Welt der Geschlechterforschung tritt er bundesweit auf Bühnen auf. Seit 2009 lebt er in Berlin.

Claus-Eckart Schmidt

NACKTE FRAUEN SIND GUT FÜRS GEHIRN

Skurrile und verblüffende
Erkenntnisse der Wissenschaft
über Männer, Frauen und Sex

WILHELM HEYNE VERLAG
MÜNCHEN

Verlagsgruppe Random House FSC-DEU-0100
Das für dieses Buch verwendete
FSC®-zertifizierte Papier *Holmen Book Cream*
liefert Holmen Paper, Hallstavik, Schweden.

Originalausgabe 12/2011

© 2011 Wilhelm Heyne Verlag, München,
in der Verlagsgruppe Random House GmbH
Umschlaggestaltung: Eisele Grafik-Design, München
Umschlagfoto: © SuperStock/GettyImages
Redaktion: Thomas Bertram
Satz: C. Schaber Datentechnik, Wels
Druck und Bindung: GGP Media GmbH, Pößneck
Printed in Germany 2011

ISBN: 978-3-453-60217-5

www.heyne.de

Inhalt

Vorwort 9

SEX 13

Sex und Libido 13

   Hohe Schuhe – Höhepunkte 13
   ... denn sie wissen nicht, dass sie geil sind 16
   G-Punkt gesucht 18
   »O'zapft is« 21
   Gen-mutierte Saxophonspieler 22
   Schönsalzen 25
   Abstinente Intelligenzbestien 27

Sex und Männer 31

   Schlautrinken 31
   Allzeit bereit 35
   Idealer Quickie 37
   Blinde Balz 39

Erinnerungsst(l)ücke – Auto versus Frau 43
Presslufthammer sucht Baustelle 47
»SROI« der Hausarbeit 49
Abturnende Tränen 53

Sex und Geld 56

Sexgott Bill Gates 56
Promiske Spendierhosen 59
Sexy iPhone 61
»Pussy Magnet« 63
»Economic Sex« 67
Profitabler Eisprung 69

Oralsex und Masturbation 73

Billy Boys erfolgreiches
Aufklärungsprogramm 73
Die kleinen Wichser 77
Früh übt sich 81
Spaßige Krebsvorsorge 83
Riskante »mündliche Prüfung« 86
Fünfmal besser 91

BEZIEHUNG 93

Beziehung und »Liebesspiel« 93

Müdes Liebesspiel 93
Trikottausch 95
Verstörendes Liebesspiel 97
Attraktives Trauerspiel 99

Viriles Heimspiel 100
Abstinentes Vorbereitungsspiel 103

Beziehung und (Un-)Treue 107

Untreue Wickelvolontäre 107
Dumme Fremdgänger 110
Blind vor Liebe 112
Kurz und eifersüchtig 115
»Modell Hugh« 117
Die Gene eines Playboys 119
Die Schöne und das »Biest« 121

KÖRPER 125

»Körpersprache« 125

Die Stimme eines Luders 125
Heidis sexy Quietschorgan 128
Bevorzugter »Sopran« 129
»Hallus« ohne Heidi 131
Vatersprache 134

Körperflüssigkeiten 137

»Copuliné – L'Odeur de Vagin« 137
Geiler Schweiß 140
Fröhlicher Männersaft 144
Jungbrunnen in der Hose 147
Fit im Schritt 151

Körpersignale 153

Aschenputtels Hüftschwung 153
Verschärfte Gangart 156
Geheimnisse (a)symmetrischer »Ohren« 159
Große Vorteile mit Größenvorteilen 165
J. Lo's intelligenter Hüftspeck 169

VERHALTEN 173

Schlichtes Verhalten 173

Hübsch macht dumm 173
Blond macht dumm 176
Schöne Belohnung 177

Blindes Verhalten 180

Blinde für Barbie 180
»Sex sells« 182
Blinde Eifersucht 185
Stutenbissigkeit 188

Resümee 193

Vorwort

Nackte Frauen sind gut fürs Gehirn – so ein Buchtitel kann auch nur dem Testosteron-umnebelten Hirn eines männlichen Autors entspringen, denken sich jetzt wohl viele Damen. Die Frage, was an dieser »Erkenntnis« der Wissenschaft bitte schön »verblüffend« sein soll, kommt wahrscheinlich gleich danach – ebenso wie die Antwort: nämlich gar nichts. Aus Frauensicht ist es wahrlich keine überraschende und neue Erkenntnis, dass nackte weibliche Haut eine positive Wirkung auf das männliche Hirn entfaltet – auf das Kleinhirn zwischen den Beinen, versteht sich! Mit dieser Unterstellung liegt Frau sicher nicht ganz falsch. Gemeint ist hier allerdings das männliche Großhirn zwischen den Ohren.

Dem wird schlicht unterstellt, dass es von der Darstellung nackter Tatsachen »profitieren« könne – und zwar indem es die cerebrale Leistungsfähigkeit steigert. Dafür genügt es offenbar, wenn der Mann spärlich bekleidete Damen konzentriert in Augenschein nimmt – das behaupten jedenfalls Redakteure des Ratgeber-Ressorts der *Bild*-Zeitung, die sich dabei auf eine angebliche Studie aus England beriefen. Das

Fazit der Forschungen brachten sie getreu der Tradition des Boulevardblattes ebenso schlicht wie prägnant auf folgende Schlagzeile: »Gaffen gut fürs Gehirn. Bikini-Mädchen-Gucken macht schlau.« Damit ist klar: Mögen die Hirnwindungen des Autors noch so testosterongesättigt sein – für den Ursprung der Titelgeschichte ist er nicht verantwortlich, für die Titelbezeichnung und seine Verdichtung zu »Nackte Frauen sind gut fürs Gehirn« jedoch schon.

So plump und plakativ der Titel auch ist, so fundiert sind die wissenschaftlichen Erkenntnisse dahinter, die die Materialgrundlage des vorliegenden Buches bilden. Die in der englischsprachigen Fachpresse publizierten Studienergebnisse auf den folgenden Seiten stammen unter anderem aus den Teildisziplinen der Medizin, Psychologie und Biologie, aber auch aus der Anthropologie. Alle diese Fachrichtungen haben eines gemein: Im Mittelpunkt der Untersuchungen und Experimente steht zum größten Teil der Mensch.

Ziel dieser Geschlechterforschung ist unter anderem, Verhaltensmuster sowie körperliche Unterschiede von Mann und Frau herauszuarbeiten – und dafür plausible Erklärungen zu finden. Dabei sind die Forschungsergebnisse und deren wissenschaftliche Begründungen, oft genug aber auch die Versuchsaufbauten selbst verblüffend skurril. So legen manche Studien Zusammenhänge, Tatsachen und Verhaltensweisen offen, die man nicht vermutet hätte. Andere wiederum greifen gängige Thesen auf, belegen diese aber auf irrwitzige Art, oder sie liefern schlüssige Erklärungen für bekannte Phänomene. Dass manches von dem, was auf den folgenden Seiten vorgestellt wird, zudem entlarvend oder auch peinlich für Angehörige des einen oder anderen Geschlechts ist, dürfte niemanden überraschen, der nicht als monogamer Einsiedler lebt. Da viele Erkenntnisse der Forscher darüber hinaus durchaus lehrreich sind, können sie die geneigte Leserin bzw. den geneigten Leser auch zum Nachdenken bringen und ihn veranlassen, den eigenen Lebensstil kritisch zu hinterfragen.

Eine weitere Frage stellt sich der interessierte Leser womöglich auch: Wer ist für die zahlreichen Forschungsergebnisse verantwortlich? Es sind zum großen Teil Wissenschaftler aus den USA. Nicht nur dass man dort generell forschungsfreudiger ist, die dortigen Professoren und Assistenten verfügen dank relativ hoher Studiengebühren und der großen Spendenbereitschaft von Stiftungen, Privatleuten oder Alumni-Organisationen auch über die finanziellen Mittel, um jene Experimente durchzuführen, die Gegenstand dieses Buches sind. Dass ein deutscher Psychologe aus seinem Forschungsetat beispielsweise Feldstudien über die Trinkgeldeinnahmen von Striptease-Tänzerinnen durchführt, scheint an einer hiesigen Beamten-Uni schlicht undenkbar.

Diese Studie ist nur eine von vielen, die im ersten Oberkapitel »Sex« ausführlich vorgestellt werden. Dem folgt, was meist mit dem Koitus einhergeht oder sich später daraus entwickelt – nämlich eine feste Beziehung. Dass der Fußball Einfluss darauf nehmen kann, ist nur eines der skurrilen Ergebnisse der in diesem Abschnitt zitierten Forschungsarbeiten.

Kuriose bis aberwitzige Erkenntnisse sind auch im Oberkapitel »Körper« vereint. Welch schlichtes Verhalten hingegen Mann und Frau beim Aufeinandertreffen der Geschlechter teilweise an den Tag legen, zeigen abschließend die überraschenden Studienergebnisse diverser Psychologen. Angereichert und leichter »verdaulich« machen die Forschungsergebnisse teils heitere, teils bissige Anekdoten und Beispiele. Schlussendlich sollen eben nicht die bereits bemühten nackten Frauen das Großhirn des Lesers aktivieren, sondern die skurrilen und verblüffenden Erkenntnisse der Wissenschaft sowie die Geschichten aus dem prallen Leben, aus dem sie schöpfen.

CLAUS-ECKART SCHMIDT

SEX

Sex und Libido

Hohe Schuhe – Höhepunkte

Jeder *Sex and the City*-Fan kennt die Szene: Carrie Bradshaw betritt die »Asservatenkammer« der *Vogue*, in der sämtliche Accessoires, Kleider und Schuhe der Fotoshootings lagern. Als sie dann legendäre Modelle von ihrem Lieblingsdesigner Manolo Blahnik entdeckt, kennt ihre Begeisterung keine Grenzen. Carries verzückte Reaktion kommt dabei einem sexuellen Höhepunkt sicher relativ nahe.

Der Anblick hoher Schuhe allein wird hingegen auch bei den schuhvernarrtesten Frauen kaum einen Orgasmus auslösen können. Aber was hätten Carrie und die anderen drei *Sex and the City*-Ladys wohl gesagt, wenn sie erfahren hätten, dass mit dem bloßen Tragen hochhackiger Stöckelschuhe immerhin die Chancen steigen, zum Höhepunkt zu kommen? Samantha hätte wahrscheinlich sofort ihre Mokassins und Sandalen ausgemustert.

Aber kann das sein: besserer Sex durch High Heels? So lautet jedenfalls die Quintessenz eines kurzen Leserbrief-Essays, den die italienische Urologin Maria Cerruto von der Universität Verona für die Fachzeitschrift *European Urology* verfasst hat. Darin bezieht sie sich auf eine von ihr zusammen mit mehreren Kollegen durchgeführte Studie mit Frauen im Alter zwischen 29 und 49 Jahren, die teilweise unter Inkontinenz litten. Die Frauen mussten sich für das Experiment mit verschieden hohen Schuhabsätzen (2 bis 7 cm) auf eine Vibrationsplatte stellen. Mittels Elektroden wurde dabei die Aktivität der Muskulatur im Becken gemessen. Das Ergebnis: Sowohl bei den gesunden als auch bei den inkontinenten Frauen entspannte sich die Beckenbodenmuskulatur, da sie in eine optimale Position gebracht und ihre Kontraktionsfähigkeit erhöht wurde. Zudem wurde dieser Bereich auch besser durchblutet, was die Reizleistung der erektilen Fasern innerhalb dieser Muskelschicht verstärkte. Beide Faktoren können entscheidend für das sexuelle Empfinden der Frauen sein.

Wie die Urologin anmerkt, führe allerdings nicht die Absatzhöhe zu diesem positiven Ergebnis. Es komme ausschließlich auf den Winkel an, mit dem sich der Fuß durch den Absatz vom Boden abhebt. Dieser ist allerdings je nach Schuhgröße und somit individuell unterschiedlich.

Dass die Orgasmusfähigkeit der Frau tatsächlich steigt, wenn sie eine gut trainierte Beckenbodenmuskulatur hat, bestätigt auch die jährlich in Großbritannien durchgeführte Orgasmusstudie. (Eine solche Studie gibt es wirklich: *http://www.orgasmsurvey.co.uk/*. Deren Ergebnisse werden jeweils am britischen »Orgasmustag« vorgestellt. Man(n) würde zu gerne wissen, was an diesem Tag auf der Insel los ist.) Danach ist die Wahrscheinlichkeit, einen vaginalen Orgasmus zu bekommen, bei Frauen, die beispielsweise durch fleißiges Pilates-Training über eine gut trainierte Beckenbodenmuskulatur verfügen, dreimal höher als bei Frauen, deren Muskel nicht ganz so gut in Schuss ist. Die Trainingsfaulen sollten hingegen notgedrungen auf das Rezept von Maria Cerruto vertrauen – und regelmäßig hochhackige Schuhe tragen.

Spätestens hier werden die Orthopäden sich mit Grausen abwenden. Diese würden natürlich für das Pilates-Training und kaum für das Tragen von High Heels plädieren. Aber nicht nur deswegen ist die Studie der italienischen Urologin kritisch zu sehen. Gewisse Zweifel an ihren Forschungsergebnissen könnten auch aufkommen, weil sie sich als passionierte Trägerin hochhackiger Schuhe und »Beschützerin aller Stöckelschuh-Liebhaberinnen« geoutet hat – und unbedingt einen Grund für das Tragen von High Heels finden wollte. Dabei ist leider die Praxisnähe ihres Versuchsaufbaus auf der Strecke geblieben: Denn welche Frau läuft schon konstant mit ihren Stilettos über eine vibrierende Oberfläche?

Gegen das Tragen hoher Schuhe spricht auch eine andere Studie, die Maria Cerruto zum Anlass für ihre Untersuchungen nahm. Die von dem Schweden Jarl Flensmark durchgeführte Untersuchung, die in der Fachzeitschrift *Medical Hypotheses* erschienen ist, kam zu dem skurrilen Ergebnis, dass Stöckelschuhe Schizophrenie hervorrufen können. Wenn man sich die wahnsinnig anmutende Reaktion von »Carrie im Schuhwunderland« vor Augen führt und bedenkt, wie viele Paar Schuhe manche Frauen in ihren Schränken aufbewahren – von Tragen kann nicht immer die Rede sein –, dann erscheint dieses Ergebnis ungeprüft nicht gar so abwegig.

... denn sie wissen nicht, dass sie geil sind

Was aber nutzt die beste Beckenbodenmuskulatur, wenn die Frau sexuell nicht stimuliert ist – oder der Kopf zwar will, die entsprechende Reaktion im Intimbereich jedoch ausbleibt!? Dann wird das mit dem vaginalen Orgasmus doch eher schwer werden. Mit dem Phänomen, dass die Dame eigentlich geistig stimuliert wirkt – unten herum jedoch Saharaklima herrscht, ohne dass eine Feuchtoase in Sicht wäre –, ist wohl schon jeder Mann konfrontiert worden. Sicher, auch bei Männern schwächelt hin und wieder die Libido. Doch wenn das Pornokino im Kopf einen neuen Streifen abspielt, folgt auch fast immer eine Reaktion im Genitalbereich. Das ist bei Frauen nicht unbedingt der Fall, wie Untersuchungen kanadischer Forscher bestätigen.

Die Psychologin Meredith L. Chivers von der Queen's University in Kingston (Kanada) wollte mit einem Team von Wissenschaftlern herausfinden, ob die subjektiv empfundene sexuelle Erregung mit der an den Genitalien gemessenen übereinstimmt. Dafür werteten die Forscher 132 Studien aus, die zwischen 1969 und 2007 publiziert wurden. An diesen Untersuchungen nahmen insgesamt 2505 Frauen und 1918 Männer teil. Die Probanden wurden jeweils mittels erotischem Filmmaterial, »scharfer« Bilder oder sexueller Fantasien stimuliert und sollten angeben, ob sie sexuell erregt seien. Inwieweit die Erregung sich in den Genitalien

»widerspiegelte«, wurde mit unterschiedlichen Methoden gemessen.

Bei den Frauen kamen komplexe Apparaturen zum Einsatz, um beispielsweise den Blutfluss in die Vagina mittels Infrarot zu ermitteln. Bei den männlichen Probanden bedurfte es hingegen weniger aufwendiger Methoden, um Reaktionen im Schritt festzustellen. Es reichte, einfach die Veränderung des Penisvolumens zu dokumentieren, oder es kamen Dehnungsmessstreifen zum Einsatz.

Abschließend wurde die Stimulation im Kopf mit der in der Hose verglichen. Dann war schnell klar – bei den Männern funktionierte die »Standleitung« deutlich besser. Wenn der große Mann schmutzige Gedanken hatte, zeigte der Kleine eine mehr oder minder prompte Reaktion, Geist und Körper befanden sich sozusagen im Einklang. Bei den Frauen war dies deutlich seltener der Fall. Das Sexkino im Kopf brachte nicht unbedingt auch das Blut in Wallung.

Die Forscher schlossen aus diesen Befunden, dass bei Frauen im Hinblick auf die sexuelle Erregung offenbar eine Trennung zwischen geistiger Schaltzentrale und Fortpflanzungsorgan besteht. Dass dem anscheinend so ist, zeigt ein weiteres kurioses Ergebnis dieser sogenannten Meta-analyse, die im Fachjournal *Archives of Sexual Behavior* veröffentlicht wurde: So gaben manche Frauen an, nicht erregt zu sein – obwohl die körperlichen Messungen genau das Gegenteil besagten. Harmonie und Übereinstimmung der beiden »wichtigsten« Organe sehen gewiss anders aus! Demzufolge gilt es für so einige Frauen, sich zum nächsten Tantra-Kurs in der Volkshochschule anzumelden. Das dort verfolgte Ziel muss lauten: Eins werden mit der Vagina.

G-Punkt gesucht

Haben die Damen, denen der Gleichklang zwischen Kopf und Schritt fehlt, den VHS-Kurs erfolgreich absolviert, könnte bereits das nächste Intensivseminar anstehen: »Wo – zum Teufel – ist der G-Punkt?« Dabei handelt es sich um eine Fortbildungsmaßnahme, die bisher wenige Frauen, dafür umso mehr Männer über sich ergehen lassen mussten. Deren Aufgabe besteht ja darin, mithilfe ihres primären Geschlechtsorgans das sagenumwobene Lustzentrum der Frau ausfindig zu machen und es gekonnt zu reizen. Das letztendliche Ziel der abenteuerlichen Suche: der vaginale Orgasmus! Bevor dieses aber erreicht ist, muss die Expedition häufig erfolglos abgebrochen werden – der Mann ist (wieder mal) nicht fündig geworden. Das kann zu Enttäuschungen auf beiden Seiten führen, da frau eventuell um ihren vaginalen Orgasmus gebracht wird und er sein Ego angeknackst sieht, weil er nicht als großer Liebhaber reüssieren kann. Überdies scheint er auch über mangelnde Orientierungsfähigkeiten zu verfügen. Womöglich ist es aber völlig unnötig, sich deswegen zu stressen. Warum? Weil die Frau eventuell gar nicht im Besitz eines solchen Wunderpunktes ist.

Zu dieser Schlussfolgerung muss man kommen, wenn man sich die sensationellen Ergebnisse eines italienischen Forscherteams um den Endokrinologen Emmanuele Jannini von der Universität L'Aquila anschaut. Die Wissenschaftler konnten bei ihren Untersuchungen erstmals überhaupt dieses sensible Gewebe exakt lokalisieren – wenn es denn vorhanden ist. Dies ist die gute Nachricht, die schlechte aber ist: 70 Prozent aller Frauen haben von Geburt an gar keinen G-Punkt – so die Schätzungen der italienischen Wissenschaftler.

Um das nach dem deutschen Arzt Ernst Gräfenberg benannte Lustzentrum der Frau zu lokalisieren, scannten Jannini und seine Kollegen mithilfe eines Ultraschallgeräts bei insgesamt zwanzig Frauen (Durchschnittsalter: knapp 33 Jahre) den Bereich der Vagina, der nach vorne in Richtung Bauchhöhle zeigt. Neun der Probandinnen hatten zuvor angegeben, bereits vaginale Orgasmen erlebt zu haben – die anderen hingegen berichteten, dass sie dieses Glück noch nicht verspüren durften. Dementsprechend ordnete der Mediziner die Frauen zwei Gruppen zu. Bei allen Studienteilnehmerinnen wurden zudem die Genitalien, wiederum die Beckenbodenmuskulatur, interessanterweise aber auch die anale Schließmuskulatur, untersucht.

Das Resultat: Bei den neun Frauen, die bereits einen vaginalen Höhepunkt bekommen hatten, konnte eine verdickte Stelle im Gewebe zwischen Harnröhre und Vagina festgestellt werden – wahrscheinlich der sagenumwobene G-Punkt. Bei den restlichen elf Teilnehmerinnen, welche das Vergnügen eines solchen Orgasmus noch nicht gehabt hatten, war das Gewebe hingegen messbar weniger dick. Veröffentlicht wurden die Studienergebnisse im *Journal of Sexual Medicine*.

Entgegen seiner in der Fachzeitschrift geäußerten Skepsis und den dargelegten Begrenzungen seiner Studie lässt sich Jannini in dem Wissenschaftsportal *newscientist.com* jedoch zu der Behauptung hinreißen, man könne nun schnell und einfach per Ultraschall herausfinden, ob eine Frau einen G-Punkt habe oder nicht. (Gynäkologen würde sich ein ganz neues Geschäftsfeld eröffnen: die G-Punkt-Lokalisation, deren

Kosten von den Krankenkassen aber sicher nicht übernommen würden.)

Deutsche Forscherkollegen betrachten diese Schlussfolgerung – und damit auch die Ergebnisse, deren beschränkte Aussagekraft aber auch die italienischen Wissenschaftler nicht verhehlen – mit Skepsis. Sie monieren, dass eine solche Verdickung mehrere Ursachen haben könne. Zudem sei der Ultraschall viel zu ungenau, um solche Unterschiede zu messen (das geben die Italiener ebenfalls zu). Auch bei den körperlichen Folgen divergieren die Meinungen der Wissenschaftler beider Länder: Während die Diagnose eines fehlenden G-Punkts laut Jannini eine Erleichterung für Frauen bedeuten würde, die nie einen vaginalen Orgasmus erlebt haben, sieht der Gynäkologe Matthias David, Oberarzt an der Frauenklinik der Charité in Berlin, das Problem, dass Frauen, die unter Orgasmusschwierigkeiten leiden, durch den vermeintlichen Beweistest des G-Punkts sinnlos unter Druck gesetzt würden – sollte er denn existieren, was der Spezialist bezweifelt.

Dazu bleibt nur anzumerken: Die Männer wurden über Jahre auch sinnlos unter Druck gesetzt, die Mär vom G-Punkt zu glauben und das größtenteils nicht vorhandene Lustzentrum durch akrobatische Einlagen ausfindig zu machen bzw. es gezielt zu stimulieren, damit Frau den höchsten aller Höhepunkte erleben kann – den vaginalen Orgasmus! Wenn sie nicht fündig wurden und vaginal ausgelöste Delirien ausblieben, stellten sie nicht selten ihre Künste als Liebhaber infrage. Deshalb wäre man(n) nicht unglücklich, wenn sich die Ergebnisse dieser Studie als wahr herausstellten. Dadurch würde viel Druck von *ihm* genommen.

»O'zapft is«

Ein vaginaler, aber auch ein klitoraler Orgasmus sind natürlich nicht nur für den Spaß da – viel wichtiger ist: Sie fördern, was eigentlich auch Sinn und Zweck des Sex ist, die Befruchtung und damit die Fortpflanzung. Gibt es dagegen Probleme beim Schwangerwerden, rückt dieser Aspekt völlig in den Hintergrund. Stattdessen wird der Versuch unternommen, der Natur generalstabsmäßig nachzuhelfen. Eisprungkalender werden erstellt, die Temperatur wird regelmäßig gemessen, der Gebärmutterschleim wird untersucht, es werden nur noch gesunde Sachen gegessen, Folsäurepräparate werden geschluckt, frau lässt sich akupunktieren, nach dem Sex wird eine »Yoga-Kerze« geprobt, damit die Spermien von der Schwerkraft unterstützt werden etc. Dabei gäbe es laut dem englischen Andrologen Allan Pacey von der University of Sheffield ein viel einfacheres und mit weniger Umständen verbundenes Mittel – nämlich richtig guten Sex!

Diesen eigentlich nicht besonders verblüffenden Ratschlag erteilte er in einer TV-Dokumentation mit dem Titel »The Great Sperm Race«, die auf dem englischen Channel 4 ausgestrahlt wurde. Kurios ist jedoch die Begründung: Laut Paceys Untersuchungen ejakulieren Männer bis zu 50 Prozent mehr an Spermien, wenn sie geilen Sex haben. Konkrete Zahlen gefällig? Nach Erkenntnissen des englischen Wissenschaftlers werden zum Beispiel bei fünf Minuten längerer sexueller Aktivität zusätzliche 25 Millionen Spermien produziert und später ins Rennen geschickt. Woher diese zusätzlichen Samenzellen kommen, kann die amerikanische Reproduktionsmedizinerin Joanna Ellington erklären. Die Spermienreserven in den Hoden würden umso stärker »angezapft«, je erregter die Männer sind (»O'zapft is«). Der von ihr als »Gourmet-Sex« bezeichnete Geschlechts-verkehr hat aber nicht nur mehr Wimmler zur Folge. Auch die Qualität der Samenzellen wird durch ein extrem heißes Schäferstündchen verbessert, sprich: Nicht nur die Quanti-tät nimmt zu, die Spermien sind auch gesünder, intakter. Die Empfehlung des englischen Andrologen lautet dement-sprechend, salopp gesagt: Man soll es beim Geschlechtsakt richtig krachen lassen, wild, leidenschaftlich und aufregend soll der Sex sein! Genau das ist er aber bei vielen Paaren, die sich ein Kind wünschen, nicht. Der Akt wird oft nur noch lieblos und routiniert abgespult, da er einzig als Mittel zum Zweck angesehen wird. Das Problem ist natürlich: Wie be-kommt man nach sechs Jahren Partnerschaft wieder Lei-denschaft und Aufregung in die Beziehung? So ein Hor-monrausch wie zum Beginn der Beziehung lässt sich nun mal nicht so leicht wiederholen. So gut der Ratschlag des englischen Wissenschaftlers deshalb auch sein mag – das Ganze ist leichter gesagt als getan!

Gen-mutierte Saxophonspieler

Manche »übertreiben« es aber ein bisschen, sprich: Sie haben zu viel Sex und produzieren damit Spermien am lau-fenden Band. Im Extremfall »kommen sie« (gedanklich!) eventuell selbst zu der skurril anmutenden Schlussfolge-rung, dass sie süchtig sind – und zwar nach Sex, wobei es sicher schlimmere Abhängigkeiten gibt! Prominente Bei-spiele dafür gibt es zuhauf: Jack Nicholson, Michael Douglas, David Duvochny, Tiger Woods etc. Die beiden Letzteren suchten deswegen sogar professionelle Hilfe in darauf spezialisierten Kliniken, um diese »schreckliche Krankheit« behandeln zu lassen. Eventuell kann den Akteuren (komisch, dass fast ausschließlich Männer von dieser »Malaise« betroffen sind) aber gar nicht geholfen werden, da diese extreme Libido durch eine genetische Mutation bedingt ist. Um welche genetische Sonderausstattung es sich dabei genau handelt, hat der israelische Psychologieprofessor Richard Ebstein von der Hebräischen Universität in Jerusalem zusammen mit weiteren israelischen Wissenschaftlern herausgefunden.

Für ihre Studie, die im Fachjournal *Molecular Psychiatry* erschienen ist, hatten die Wissenschaftler insgesamt 148 Studenten (96 Frauen und 52 Männer) rekrutiert, die in vorherigen Studien bereits eine DNA-Probe abgegeben hatten. Die Probanden mussten im Internet einen Fragebogen ausfüllen. Unter anderem wollten die Forscher von den Teilnehmern wissen, wie wichtig ihnen ihr Sexualleben sei, ob sie schnell erregt seien oder öfter unter Erektionsproblemen litten. Anschließend wurden die DNA-Sequenzen analysiert und mit den Antworten der Befragten verglichen.

Das interessante Ergebnis: Die Probanden mit einer bestimmten Mutation auf dem sogenannten D4-Rezeptor-Gen (DRD4) waren besonders stark und leicht erregbar. Zudem waren sie sexuell deutlich aktiver als Menschen, die diese Mutation nicht aufwiesen. Zurückzuführen ist das auf die Tatsache, dass das D4-Rezeptor-Gen Einfluss darauf nimmt, wie das Gehirn auf den Neurotransmitter Dopamin, der beispielsweise bei sexueller Erregung ausgeschüttet wird, reagiert. Eine bestimmte Mutation, welche die israelischen

Forscher festgestellt haben, scheint diese Reaktion »positiv« zu beeinflussen.

Nach den Erkenntnissen von Ebstein und seinem Team trat diese Mutation des D4-Rezeptor-Gens allerdings »erst« vor 50 000 Jahren auf. Mittlerweile scheint sich diese Variante aber stark verbreitet zu haben. So ergab die Studie, dass immerhin 30 Prozent der Bevölkerung Träger dieses »Sex-Gens« sind. Dieses Dopamin-Rezeptor-Gen hat jedoch nicht nur Einfluss auf die sexuelle Erregung, sondern wird auch mit anderen obsessiven Verhaltensweisen, beispielsweise Spielsucht, in Verbindung gebracht.

Sollte bei jemandem kein übermäßiger Sexualtrieb vorhanden sein, rät Professor Ebstein davon ab, eigens einen Sexualtherapeuten aufzusuchen. Hingegen empfiehlt er, mit dieser verminderten Libido zu leben und sich damit abzufinden, dass man nicht zu den virilen »Mutanten« – wie zum Beispiel besagte Schauspieler und Sportler – gehört.

Um das Verständnis für diese Empfehlung zu vergrößern, unternimmt Ebstein den interessanten Versuch, die natürlich bedingte Lustlosigkeit mit einer etwas skurril anmutenden Analogie zu verdeutlichen. Dabei setzt er die Menschen ohne Mutation und mit geringerem Sexualtrieb mit Personen gleich, die kein musisches Talent besitzen: Solche Menschen würden doch auch nicht immer wieder aufs Neue probieren, Saxophon zu spielen. Frei übersetzt bedeutet dies: Alle »Nicht-Mutanten« sollten es lieber beim Becken- oder Pauke-Spielen belassen!

Schönsalzen

Sexuell groß auf die Pauke hauen und dabei fleißig das Becken kreisen lassen, das wird aber nicht nur schwerer, wenn die entsprechende Mutation auf dem »Sex-Gen« nicht stattgefunden hat. Auch wenn die Ernährung zu salzarm ausfällt, kann es vorkommen, dass die Blasinstrumente gar nicht erst ausgepackt werden müssen. Denn wer zu wenig Salz über die Nahrung aufnimmt, weist eine geringere Libido auf. Zu diesem Ergebnis kommen zwei Forscher aus Frankreich in einem Übersichtsartikel der Fachzeitschrift *Nephrology, Dialysis, Transplantation*.

Der Wissenschaftler Tilman B. Drüeke vom Necker Hospital in Paris und sein Kollege Bernard M. Moinier legen in ihrem Aufsatz mit dem schönen Titel »Aphrodite, sex and salt – from butterfly to man« dar, dass die bereits von der griechischen Mythologie, genauer: von der Liebesgöttin Aphrodite, aufgezeigte positive Wirkung von Salz auf die Libido mittlerweile auch wissenschaftlich nachweisbar sei. Darüber hinaus führen sie aus, dass eine restriktive Salzaufnahme nicht nur die Lust auf Sex dämpft und beim Mann Erektionsschwierigkeiten auslöst, sondern auch bei Frauen die Fruchtbarkeit vermindern und zu Schwangerschaftskomplikationen führen kann. Die Konsequenzen für beide Geschlechter: Bei zu geringem Salzkonsum leidet die Reproduktionsrate, das heißt, es werden weniger Kinder geboren. Zudem sinkt bei zu großer Natriumabstinenz angeblich auch die Lebenserwartung.

Doch nicht erst beim Koitus kann es zu Problemen kommen, sollte mit der Nahrung zu wenig Salz aufgenommen werden. Die beiden Forscher weisen auch darauf hin, dass die Fähigkeit zur Wahrnehmung der sexuellen Attraktivität des Partners/der Partnerin in spe ebenfalls nicht zuletzt von der Salzmenge abhängt. Denn Salz reguliert im Gehirn maßgeblich die Ausschüttung des bereits erwähnten Boten-stoffs Dopamin, der eine Rolle bei der Frage spielt, ob ein Mensch einen anderen als sexuell begehrenswert empfindet oder nicht.

Nachdem also jahrelang ein zu hoher Salzkonsum von den Ärzten verteufelt wurde, da dieses Mineral den Blut-druck steigen lässt und somit das Risiko von Herz-Kreis-lauf-Erkrankungen erhöht, wurde nun endlich wieder ein sehr positiver Effekt des Natriumchlorids dargelegt. So ist es denn auch kein Wunder, dass ausgerechnet der deutsche Verband der Kali- und Salzindustrie die Nachrichtenagen-turen auf die Erkenntnisse der französischen Forscher auf-merksam machte (wer Böses dabei denkt …).

Wer hingegen denkt, die Ursache für die viel zu geringe Reproduktionsrate der Deutschen sei damit ausfindig ge-macht, der ist leider auf dem Holzweg. Die Deutschen neh-men laut der Nationalen Verzehrstudie mindestens acht Gramm Salz pro Tag und pro Kopf auf – empfohlen werden aber nur fünf bis sechs Gramm. Eventuelle Erektionsschwie-rigkeiten beim deutschen Mann können also ebenfalls nicht auf einen zu geringen Natriumchlorid-Konsum zurückge-führt werden.

Schön wäre es dennoch, wenn man mittels Salzstreuer die sexuelle Attraktivität des Gegenübers beeinflussen könnte. Dann wäre es möglich, sich jede unattraktive Person »schön-zusalzen« (»Herr Ober, Salz, bitte!«). Auch eine schlüssige Erklärung für den großzügigen Umgang verliebter Köche mit dem Salz wäre mit den Studienerkenntnissen letztendlich gefunden: Sie schließen von dem Bedürfnis ihrer Libido einfach auf die ihrer Gäste, was zwar gut gemeint, aber nicht immer zielführend ist.

Abstinente Intelligenzbestien

Sollte aber das Gegenüber trotz ausreichenden Salzkonsums noch immer nicht stimulierend wirken bzw. Libido und Sexualleben deutlich ausbaufähig sein, so könnte dieser Umstand auf die »Größe« eines eminent wichtigen Organs des Menschen zurückzuführen sein – auf das Gehirn! Hier ist aber »Größe« nicht unbedingt förderlich (weiter unten zählt sie hingegen schon mehr). Ergo: Zu viel Grips kann beim Sex schaden. Nicht umsonst weiß der Volksmund: »Dumm fickt gut.« Sollte sich jemand also als Sexmuffel herausstellen, dann kann das an einem eigentlich recht schmeichelhaften Befund liegen: Er ist einfach zu intelligent! Zu dieser Schlussfolgerung kommt jedenfalls der Ökonomieprofessor Tyler Cowen von der George Mason University (New York) in einer sich auf zwei Studien berufenden Untersuchung, die er auf der Internetplattform »Gene Expression« vorgestellt hat.

Eine der Studien der University of North Carolina, die unter dem Titel »Smart teens don't have sex (or kiss much either)« im *Journal of Adolescent Health* erschienen ist, basierte auf den Datenerhebungen einer amerikanischen Langzeitstudie *(Add Health)* bei 12 105 Heranwachsenden im Alter von elf bis 21 Jahren. Alle Kinder und Jugendlichen wurden gefragt, ob sie schon einmal Geschlechtsverkehr hatten. Nur gut ein Drittel der Teenager absolvierte außerdem einen Sprachtest, mit dessen Hilfe die Intelligenz bestimmt wurde. Weitere 100 Jungen und 208 Mädchen wurden darüber hinaus zwei bzw. drei Jahre lang regelmäßig nach ihren sexuellen Erfahrungen befragt. Hier wollten es die Forscher genau wissen: Vom Händchenhalten über das Küssen bis hin zur Berührung der Geschlechtsmerkmale bzw. -organe wurde von den Wissenschaftlern um die Psychologin und Studienleiterin Carolyn Tucker Halpern alles notiert.

Das Resultat dieser Untersuchung wird durchschnittlich intelligente Menschen, aber auch die Eltern sehr kluger Teenager fröhlich stimmen: Danach sind Schüler mit einem IQ über 100 und unter 70 deutlich weniger an Sexualkontakten interessiert als Jugendliche der dazwischen liegenden IQ-Gruppen. Außerdem haben Teenager mit einem Intelligenzquotienten von 75 bis 100 mit höherer Wahrscheinlichkeit schon früher Geschlechtsverkehr als andere. Das heißt umgekehrt: Außergewöhnlich intelligente Jugendliche bleiben länger sexuell abstinent. So sind junge Menschen mit einem IQ von 100 eineinhalb bis fünfmal eher geneigt, den Koitus zu vollziehen, als Teenager mit einem IQ zwischen 120 und 130. Die Forscher errechneten daraus, dass jeder zusätzliche IQ-Punkt die Wahrscheinlichkeit auf Jungfräulichkeit um 2,7 Prozent bei männlichen und um 1,7 Prozent bei weiblichen Jugendlichen erhöhe (ein weiterer Grund, warum Eltern sich intelligente Kinder wünschen).

Bei der zweiten Studie zitiert Cowen die Ergebnisse einer Umfrage des College-Magazins *Counterpoint* vom Massachusetts Institute of Technology bzw. Wellesley College, die unter Studenten ab 19 Jahren durchgeführt wurde. Das

Resultat weist in dieselbe Richtung: Während insgesamt 87 Prozent aller College-Studenten mit 19 Jahren bereits Sex hatten, sind es an Elite-Universitäten, wo scheinbar die intelligenteren Studenten ihren Abschluss machen, signifikant weniger (Harvard: 59, Princeton: 56 und am MIT waren es sogar nur 51 Prozent). Bei dieser Befragung wurde außerdem untersucht, inwieweit die Jungfräulichkeit mit dem Studienfach zusammenhängt. Die hier zutage geförderten Ergebnisse sind weniger überraschend: So hatten beispielsweise alle Schauspielschülerinnen am Wellesley College (einer reinen Frauenbildungsstätte) das erste Mal bereits hinter sich, während 72 Prozent der Biologiestudenten und sogar 83 Prozent der Mathematik- und Biochemiestudenten noch »Jungfrau« waren. Auch am MIT (wo übrigens laut der Umfrage lediglich 68 Prozent der Männer und lächerliche 20 Prozent der Frauen angaben, zu masturbieren) waren 73 Prozent der Biologen noch unbefleckt.

Zu ähnlichen Befunden, wie sie Cowen mithilfe der beiden Studien zusammengefasst hat, kam auch der Wirtschaftswissenschaftler Joseph J. Sabia von der Militärakademie in West Point (USA) in seiner Studie »Reading, Writing, and Sex: The Effect of Losing Virginity on Academic Performance«, die im Fachjournal *Economic Inquiry* erschienen ist und auf derselben Datenerhebung wie die Studie der University of North Carolina basiert. Eine 1997 in der Zeitschrift *American Demographics* publizierte Untersuchung bei 10 000 Erwachsenen kam ebenfalls zu dem Ergebnis, dass man umso weniger Sex hat bzw. haben möchte, je intelligenter man ist.

Welchen Schluss kann man aus diesen Studienergebnissen ziehen? Sicher den, dass offenbar ein Zusammenhang zwischen Intelligenz und Sexualverhalten besteht. Aber warum ist das so? Cowen äußert mehrere Mutmaßungen: Beispielsweise könnte es sein, dass intelligente Menschen sich mehr auf ihr Studium konzentrieren und dadurch weniger Zeit haben, sich der näheren Kontaktaufnahme mit dem anderen (oder gleichen) Geschlecht zu widmen. Und je weniger Zeit sie aufwenden, desto schwerer wird es natürlich auch, einen willigen Intimpartner zu finden. Erleichtert wird dieser Umstand auch nicht durch die – laut der These des Wirtschaftsprofessors – möglicherweise fehlende körperliche Attraktivität der Intelligenzbestien. Cowen spekuliert aber auch, dass Menschen mit großen geistigen Fähigkeiten vielleicht einfach zu wählerisch sind. Am plausibelsten ist für ihn jedoch die These, dass Männer mit einem hohen IQ einfach einen niedrigeren Testosteronspiegel und damit einen geringeren Sexualtrieb haben – was Studien bestätigen, auf die er in seiner Untersuchung verweist.

Eines scheint jedenfalls mit diesen Untersuchungen wieder mal bestätigt worden zu sein: Zu viel Hirn kann beim Sex nur schaden (oder bereits davor, weil es dann gar nicht erst dazu kommt). Der oben zitierte Spruch müsste also anders lauten: Dumm fickt vielleicht nicht unbedingt gut, aber auf jeden Fall mehr (da Übung bekanntlich den Meister macht, könnten die schlichten Gemüter aber tatsächlich auch besser im Bett sein).

Sex und Männer

Schlautrinken

Die aufgeschlossene Single-Frau kennt es ja zu Genüge: Abends zieht sie mit ihren Ladys um die Häuser, es wird fleißig Prosecco bzw. Sprizz getrunken und über Männer gequatscht – bis ihr eines der fescheren Exemplare dieser Gattung über den Weg läuft, ihr den Hof macht, sie mit Komplimenten betört und der Alkohol ein Übriges dazu tut, dass alle guten Vorsätze über Bord geworfen werden und der Mann die Nacht bei ihr verbringen darf. Des Öfteren folgt am nächsten Morgen jedoch das böse Erwachen: Nicht nur das schlechte Gewissen plagt die Dame, auch der am Abend zuvor noch so süße Typ stellt sich schnell als geistig minderbemittelte Plage heraus, der den IQ einer Schuhsohle gerade mal übertrifft (aber im Idealfall hat er wenigstens das besagte Sprichwort »Dumm fickt gut« eindrucksvoll bestätigt).

Glaubt man Psychologen der University of California, handelt es sich bei einem solchen Szenario allerdings um eine absolute Ausnahme. Den Erkenntnissen der Forscher nach dürfen nur Männer schnell unter die Bettdecke einer Frau schlüpfen, die über einen hohen Intellekt verfügen. Zu diesem fragwürdigen Ergebnis kommen die amerikanischen Wissenschaftler in einer Untersuchung, die im Fachmagazin *Evolution and Human Behavior* erschienen ist. Dafür ließen der Evolutionspsychologe Mark Prokosch und sein Forscherteam 15 männliche Studenten der besagten Universität (Durchschnittsalter knapp über 19 Jahre) vor einer

Kamera Aufgaben erledigen, die unterschiedliche körperliche oder geistige Schwerpunkte hatten. Sie mussten beispielsweise einen Sprachtest absolvieren bzw. Nachrichten vorlesen und außerdem drei Gründe angeben, warum gerade sie der optimale Partner für ein Tête-à-tête wären. Zudem wollten die Forscher von ihnen wissen, welche Konsequenzen sich aus der Entdeckung von Leben auf dem Mars ergäben (Starbucks- und McDonald's könnten neue Filialen aufmachen!?). Schließlich mussten die Probanden auch noch körperlich aktiv werden; sie sollten eine Frisbee-Scheibe werfen und fangen. Bei allen Aufgaben – bis auf den Sprachtest – wurden die 15 Studenten gefilmt.

Dieses Videomaterial wurde dann 204 Studentinnen im gleichen Alter zur Begutachtung vorgelegt, die zuvor angeben mussten, in welcher Phase ihres Menstruationszyklus sie sich gerade befanden. Anhand der Ausschnitte sollten sie Intelligenz, Kreativität und Verlässlichkeit der Probanden beurteilen sowie Urteile über deren körperliche Attraktivität und finanzielle Situation abgeben. Sodann sollten die Studentinnen einschätzen, inwiefern eine bestimmte Testperson für eine langfristige Beziehung und/oder nur für ein kurzes Abenteuer infrage komme.

Das Videomaterial scheint aussagekräftig gewesen zu sein, denn den Frauen gelang es recht gut, die Intelligenz der Männer zu bestimmen. Besonders überraschend jedoch waren die Einschätzungen, für welche Art von Beziehung die jeweiligen Männer taugten: Es waren die Probanden mit den zuvor richtig erkannten höheren intellektuellen Fähigkeiten, die nicht nur als Idealkandidaten für eine Langzeitbeziehung, sondern auch für einen One-Night-Stand ausgewählt wurden. Diese Entscheidung war völlig unabhängig davon, in welcher Zyklusphase sich die Studentin zur Zeit des Experiments befand.

Dass es – wie auch Prokosch betont – evolutionär sinnvoll ist, dass Frauen sich mit einem klugen Mann auf eine langfristige Beziehung einlassen, da dieser dank seines Verstandes wohl die besten Voraussetzungen mitbringt, um die nötigen Mittel zum Unterhalt einer Familie heranzuschaffen, ist sicher keine überraschende Erkenntnis. Dass sich Frauen aber auch bei kurzzeitigen Sexualkontakten offenbar lieber mit intelligenten Männern einlassen, erklärt der amerikanische Psychologe damit, dass die Frau, sollte sie schwanger werden, zumindest gute, sprich: »intelligente« Gene abstauben konnte.

Allerdings dürfte die Einschätzung der Intelligenz des für einen One-Night-Stand anvisierten männlichen Partners in der Regel am Alkohol scheitern. Denn genau der spielt beim weiblichen Paarungsverhalten eine überraschend große Rolle – wie eine britische Studie herausfand. Kathryn Lakeland, Produktmanagerin eines großen amerikanischen Konsumgüterkonzerns, befragte dafür zusammen mit Kollegen knapp 3000 Britinnen zwischen 18 und 50 Jahren nach ihren Sex- und Trinkgewohnheiten.

Die Ergebnisse bestätigen das Klischee von den trinkfreudigen Frauen der Insel: Bei fünf von den durchschnittlich acht Männern, mit denen die befragten Frauen geschlafen hatten, waren Letztere derart betrunken, dass sie sich am nächsten Tag in zwei Fällen nicht mehr an die Namen ihrer Bettgenossen erinnern konnten (»Keine Macht den Drogen«). Dennoch bevorzugen 48,5 Prozent der Probandinnen Sex unter Alkoholeinfluss, mit der Begründung, dass Alkohol sie enthemmter und abenteuerlustiger mache.

Drei Viertel der Frauen bestätigten diesen Zusammenhang. Ebenfalls 75 Prozent gaben an, gerne etwas zu trinken, bevor sie mit ihrem Mann ins Bett gingen. Sechs Prozent gaben an, niemals in nüchternem Zustand Geschlechtsverkehr zu haben. Mehr als doppelt so vielen geht es noch schlimmer: Sie ertragen ihren regelmäßigen Sexualpartner unalkoholisiert einfach nicht – was bleibt ihnen da anderes übrig, als tief ins Glas zu schauen. Das tun einige auch regelmäßig beim ersten Mal: So mussten 40 Prozent eingestehen, beim ersten Intimkontakt mit einem neuen Partner leicht beschwipst gewesen zu sein.

Aber nicht nur den britischen, auch den nicht minder trinkfreudigen deutschen Frauen dürfte es mehr als schwerfallen, in alkoholisiertem Zustand die intellektuellen Fähigkeiten des möglichen One-Night-Stands einzuschätzen, wenn die eigenen deutlich eingeschränkt sind. In dieser Verfassung verlässt man sich doch am besten noch darauf, was einem das Auge an das aufnahmeschwache Gehirn vermittelt – ergo: Auf das äußere Erscheinungsbild (Frau kann sich ja den hübschen Kerl zur Not auch noch schlautrinken).

Dass die körperliche Attraktivität ohnehin von entscheidender Bedeutung dafür ist, ob Frau den Mann gleich am ersten Abend mit nach Hause nimmt, muss auch der amerikanische Psychologe eingestehen. Prokoschs Studie zeigt überdies, dass jene Männer die besten Chancen haben, die Klug- und Schönheit in sich vereinen (was eher selten sein dürfte). Letztendlich wird es beim One-Night-Stand eher nach der Devise gehen: Lieber hübsch und dumm als smart und hässlich! Prost!

Allzeit bereit

Wie schön und/oder klug das Mannsbild aber auch ist, schnell im Bett einer Frau zu landen bleibt ein recht schwieriges Unterfangen (vor allem wenn kein Alkohol im Spiel ist). Was auch verständlich ist, besteht für die Damenwelt doch stets die Gefahr, schwanger zu werden – da überlegt man sich im Idealfall genau, mit wem man sich näher einlässt (Tugend ist die Zierde der Frauen). Da für Männer bekanntermaßen eher die Quantität als die Qualität zählt, gehen sie bei der Auswahl ihrer Sexualpartnerinnen weniger wählerisch vor. Um ihren Samen möglichst breit zu streuen, gilt es demnach allzeit bereit zu sein – und das sind sie in der Tat! Dies konnte auch durch ein wissenschaftliches Experiment belegt werden, das bereits Ende der Siebziger-/Anfang der Achtzigerjahre des 20. Jahrhunderts von zwei US-Psychologen durchgeführt wurde.

Elaine Hatfield, Psychologieprofessorin an der University of Hawaii, und ihr Kollege Russell D. Clark von der Florida State University schickten dafür fünf Frauen und vier Männer (alle um die 22 Jahre alt und nicht überdurchschnittlich attraktiv) über den Campus der Universität in Tallahassee (Florida). Ihre Aufgabe bestand darin, fremde Menschen anzusprechen, die sie als attraktiv empfanden. Insgesamt wurden 96 Personen, 48 Männer und 48 Frauen, angesprochen. Die von den Wissenschaftlern vorgegebene Ansprache war dabei sehr direkt und offensiv. Nachdem die Teilnehmer den hübschen Fremden gestanden hatten, dass sie sie sehr attraktiv fänden, mussten die Probanden eine von drei vorher festgelegten Fragen stellen: 1. ob die/der Angesprochene heute Abend mit ihnen ausgehen würde; 2. ob sie/er heute Abend zu ihnen in die Wohnung käme; und 3. ob sie/er mit ihnen heute Abend ins Bett ginge.

Die Ergebnisse der Studie, die erst 1989 im *Journal of Psychology & Human Sexuality* veröffentlicht und erst weitere zwölf Jahre später durch die Publikation des Verhaltensforschers David Barash und der Psychologin Judith Lipton *(The Myth of Monogamy)* populär wurde, sind eigentlich keine Überraschung, aber trotzdem eine Offenbarung: So willigten in beiden Versuchen (1978 und 1982) mindestens 69 und maximal 75 Prozent der Männer sofort ein, mit den Frauen, die sie angesprochen hatten, heute Abend in deren Wohnung oder ins Bett zu gehen (die Männer gehen natürlich davon aus, dass das eine – »Wohnung« – mit dem anderen – »Bett« – zusammenhängt). Besonders interessant: Die angesprochenen Männer waren eher gewillt, mit den Damen in die Wohnung oder ins Bett zu gehen, als diese einfach am Abend zu treffen (das ist auch klar: Bei einer Verabredung hätten sie Geld investieren bzw. die Frauen einladen müssen – den Sex hätten sie gratis auf dem goldenen Tablett serviert bekommen).

Manche der angesprochenen Studenten zeigten nach der ersten Überraschung über das Angebot zudem wenig Geduld, da sie erwiderten: »Warum bis heute Abend warten?« Diejenigen, die am gleichen Abend keine Zeit hatten, schlugen prompt vor, das Techtelmechtel auf den nächsten Abend zu verschieben. Männer hingegen, die das gut gemeinte Angebot ablehnten, gaben zumindest noch Gründe an (sie seien verheiratet oder hätten eine feste Beziehung).

Wie nicht anders zu erwarten, war umgekehrt der Zuspruch der Damenwelt auf dieses Angebot mehr als gering. Nur sechs Prozent der Frauen stimmten zu, mit in das

Apartment des Mannes zu kommen – keine Einzige jedoch mochte direkt Sex versprechen. Stattdessen bekamen viele der männlichen Probanden auf diese Frage zu hören, dass sie wohl nicht alle Tassen im Schrank hätten. Was eine Verabredung am selben Abend betraf, waren die Damen hingegen deutlich aufgeschlossener: Beachtliche 56 Prozent ließen sich auf ein Treffen mit den nicht besonders attraktiven Fragestellern ein.

Was können die Männer daraus lernen? Klar: Mut, Offensivgeist und Dreistigkeit können sich letztendlich doch auszahlen. Allerdings sollte man nicht unbedingt gleich mit der Tür ins Haus (hier in die Wohnung bzw. ins Bett) fallen, aber ein bisschen Direktheit schadet anscheinend nicht. Da über die Hälfte der Studentinnen zumindest einem weiteren Treffen zustimmte, bestand ja immerhin noch die Chance, dass die eine oder andere Frau dem Mann doch noch in sein Apartment und damit höchstwahrscheinlich auch ins Bett folgte (Geduld ist die Tugend der Männer).

Idealer Quickie

Wenn es dann im Bett zur Sache geht, verfolgen Männer und Frauen häufig eine unterschiedliche Strategie: Aus Sicht des Mannes kann sofort das Hauptprogramm, sprich: der Geschlechtsverkehr beginnen. Die Frauen wünschen sich hingegen, dass dem eigentlichen Koitus ein zärtliches Vorspiel vorausgeht (was die Männer auf eine harte Geduldsprobe stellt). Warum diese beiden unterschiedlichen Herangehensweisen? Ganz einfach, Männer können ohne Probleme innerhalb weniger Minuten zum Höhepunkt kommen – und nichts anderes ist das primäre Ziel. Zudem kostet der zügig vonstattengehende Koitus weniger Kraft bzw. Ausdauer. Frau hingegen benötigt, um das Maximalziel beim Sex zu erreichen, meist etwas länger und plädiert dementsprechend oft dafür, dass beide Partner sich bei der schönsten Nebensache der Welt besonders viel Zeit lassen. Zum Missfallen vieler Frauen plädieren indes Wissenschaftler der State University of Pennsylvania für das genaue Gegenteil. Sie sind der Meinung, dass der Sex nicht zu lange dauern sollte, genau gesagt maximal 13 Minuten.

Zu diesem Ergebnis kommen der Psychologe Eric W. Corty und seine Assistentin Jenay M. Guardiani in einer Studie, die im *Journal of Sexual Medicine* veröffentlicht wurde. Dafür befragten die Wissenschaftler 34 amerikanische und kanadische Mitglieder (Psychologen, Ärzte, Paartherapeuten, Krankenschwestern und Sozialarbeiter) des Verbands Society for Sex Therapy and Research (SSTAR), wie lange der Geschlechtsverkehr (vaginale Penetration bis zur Ejakulation) ihrer Meinung nach dauern sollte.

Das Resultat: Ein bis zwei Minuten Geschlechtsverkehr sind nach Auffassung der Experten im Schnitt deutlich »zu kurz«; drei bis sieben Minuten bezeichnen sie als »adäquat«, während sieben bis 13 Minuten »wünschenswert« wären. Alles was darüber hinausgeht (zehn bis 30 Minuten), ist nach Ansicht und Erfahrung der befragten Spezialisten »zu lang« und wird von vielen der behandelten Paare als ermüdend angesehen. Interessant ist, dass die Unterschiede bei der Frage, was »zu lang« bedeutet, beträchtlich waren. Während es Experten gab, die vier Minuten (!!) schon als zu viel des Guten ansahen, waren andere der Überzeugung, dass erst bei 45 Minuten die Grenze erreicht wäre.

Das Ergebnis dieser Studie soll nach Aussage des Studienleiters Corty die Paare von unnötigem Sex-Druck befreien und den Mythos entkräften, dass das Liebesspiel umso besser sei, je länger es dauere. Laut Corty scheint es für viele Männer und Frauen noch immer das ultimative Ziel zu sein, die ganze Nacht hindurch wilden Sex zu haben (die ganze Nacht ist vielleicht etwas übertrieben, aber Mann wie Frau wünschen sich laut anderen Umfragen einen Koitus, der 30 Minuten oder länger, zumindest aber 14 bis 18 Minuten dauert).

Bei den Männern bleibt der Wunsch jedoch häufig Vater des Gedankens. Während viele Frauen mit einem solchen Sex-Marathon körperlich weniger Probleme hätten, geht den Männern bekanntlich meist früher die Puste aus. Ergo: Notgedrungen bleibt es bei der Kurzstrecke (solange die nicht zur Durststrecke wird) und somit, wie von den Forschern empfohlen, beim etwa zehnminütigen Quickie (das den Männern – siehe oben – aber auch in die Karten spielt).

Blinde Balz

Damit Mann an Sex denkt – von der Ausführung ist noch nicht die Rede –, bedarf es hingegen nur fünf Minuten und der Anwesenheit einer Frau. Das haben amerikanische Forscher herausgefunden. Für die Studie, die in der Zeitschrift *Psychology of Women Quarterly* erschienen ist, ließen der Psychologe Maurice J. Levesque von der University of Connecticut und zwei weitere Forscher 43 Männer und 43 Frauen im Alter von 18 bis 22 Jahren ein jeweils fünfminütiges Gespräch mit einem Unbekannten des anderen Geschlechts führen. Danach wurden die beiden getrennt voneinander nach ihren Eindrücken befragt. Beide Geschlechter sollten beispielsweise beurteilen, wie attraktiv, sexy, flirtbereit und promisk sie ihr Gegenüber empfunden hätten. Zudem sollten sie Angaben darüber machen, wie humorvoll, gesprächig und aufgeschlossen sie den Konversationspartner fanden und ob sie Interesse hätten, die Person wiederzutreffen.

Ergebnis war, dass die männlichen Teilnehmer ein freundliches oder vieldeutiges Verhalten von Frauen eher als Anzeichen für sexuelles Interesse deuteten (womit sie meist komplett danebenlagen). Überdies bewerteten sie die sexuelle Attraktivität der Gesprächspartnerinnen ausschließlich nach dem Aussehen, während die Frauen Männer als sexuell attraktiv einstuften, wenn sie ihnen im Gespräch als angenehm erschienen, ihnen aber auch körperlich gefielen.

Dass Männer sich bei der Einschätzung, ob eine Frau wirklich an ihnen sexuell interessiert ist, so schwertun, ist eventuell auch auf den verstärkten Einfluss des Sexualhormons Testosteron zurückzuführen, das scheinbar ein bisschen die Sinne vernebelt. Dass dieses Androgen in relativ großen Mengen den Körper des Mannes »flutet«, auch wenn dieser nur kurz mit einer Frau plaudert, konnten amerikanische Forscher der University of Chicago feststellen.

Für ihre Studie, die im Fachmagazin *Evolution and Human Behavior* erschienen ist, baten der Psychologe James Roney und seine Kollegen 18 männliche und 21 weibliche Studenten im Alter von 18 bis 36 Jahren darum, zwei Speichelproben abzugeben – eine zu Beginn des Experiments und die andere am Ende. Was die Teilnehmer nicht wussten: Ein »unverbindliches« Gespräch, das zwischen der Abnahme der Speichelproben mit einer Forschungsassistentin stattgefunden hatte, war Bestandteil des Tests.

Das Ergebnis: Nach dem fünfminütigen Small Talk war der im Speichel nachweisbare Testosterongehalt der Männer um bis zu 30 Prozent gestiegen. Gleichzeitig konnte festgestellt werden, dass die Probanden umso mehr versuchten, die Assistentin durch Geschichten über sich zu beeindrucken, je höher der Wert des Sexhormons gestiegen war. Dieser Kausalzusammenhang ist nicht besonders überraschend. Wie der Humanbiologe Peter Ellison von der Harvard University anmerkt, fördert die Testosteronflut Prahlerei und Imponiergehabe. Wie im Tierreich handelt es sich dabei schlicht und einfach um ganz normale Balzrituale.

Damit aber nicht genug: Sind die Männer erst einmal im Balzmodus, gehen sie nicht nur dazu über, einen auf dicke Hose zu machen – sie werden vor lauter Sexhormonen scheinbar auch noch blind. Zu diesem Schluss kommt jedenfalls der holländische Wissenschaftler Leander van der Meij von der Universität Groningen. Er und sein Forscherteam maßen den Testosteronspiegel im Speichel von 59 männlichen Studenten im Alter von 18 bis 27 Jahren. Dies geschah – ähnlich wie beim vorherigen Experiment von Roney – vor und nach fingierten Zufallsbegegnungen mit drei Frauen, aber auch mit drei Männern (als Vergleichsgruppe). Zuvor mussten die männlichen Probanden eine Speichelprobe abgeben. Eine Hälfte wurde dann fünf Minuten mit einer der drei nicht überdurchschnittlich attraktiven Frauen allein gelassen, die sich ebenfalls als Teilnehmerinnen des Versuchs ausgaben (obwohl sie eigentlich Köder waren). Die andere Hälfte durfte mit einem der Männer vorliebnehmen. Alle sechs eingeweihten »Versuchskaninchen« waren vorher von den Forschern angewiesen worden, ein freundliches, aber unverbindliches Gespräch zu führen. Danach verließ der Mann bzw. die Frau das Zimmer und der Proband bekam die Aufgabe, das Zahlenrätsel »Sudoku« zu lösen. Anschließend wurde den männlichen Testpersonen wiederum eine Speichelprobe entnommen, um den Testosterongehalt zu messen. Zuletzt sollten sie noch Angaben über ihr Sexualleben machen sowie die Attraktivität der Frau, mit der sie fünf Minuten alleine waren, auf einer Skala von 1 bis 7 beurteilen.

Das Resultat wird Frauen, die von Mutter Natur nicht unbedingt mit Schönheit gesegnet wurden, zuversichtlich stimmen: Der Testosteronspiegel stieg zwar nicht um maximal 30, aber immerhin noch um durchschnittlich knapp acht Prozent – und kurioserweise selbst dann, wenn der Mann die Frau gar nicht attraktiv fand. Ergo: Wie unattraktiv Männer Frauen auch bewerten – sie schalten automatisch in den Balzmodus. Sie gehen aufrechter, machen die Schultern breiter, gestikulieren stärker mit den Händen, intensivieren den Augenkontakt, steigern das verbale Imponiergehabe und blähen zudem ihre Nasenflügel auf (das ist doch mal ein schönes Indiz, welches brunftige Männer eindeutig erkennbar werden lässt). Dass es sich bei diesen unbewussten Verhaltensänderungen höchstwahrscheinlich um eine automatische biologische Reaktion handelt, vermutet auch van der Meij, wie er in der Fachzeitschrift *Hormones and Human Behavior* schreibt, in der die Studie veröffentlicht wurde.

Die Quintessenz aus all diesen Untersuchungen: Männer sind im Beisein von Frauen aufgrund des Hormonschubs nur bedingt zurechnungsfähig. Sie können weder ihr Verhalten noch das der beflirteten Dame einschätzen, ebenso wenig können sie erkennen, ob die Vertreterin des anderen Geschlechts wirklich sexuelles Interesse zeigt oder nicht. Wie soll das auch gehen, wenn nicht nur die Liebe, sondern bereits der einfache Paarungstrieb auszureichen scheint, sie beim Balzverhalten blind (für die Attraktivität der Dame) werden zu lassen.

Erinnerungsst(l)ücke – Auto versus Frau

Männer sehen aber scheinbar nicht nur schlecht, wenn es darum geht, eine attraktive und vor allem willige Partnerin für den Geschlechtsakt ausfindig zu machen – sie zeigen darüber hinaus auch nach dem vollzogenen Geschlechtsakt cerebral bedingte Ausfallerscheinungen. Genauer: Sie scheinen sich zum Teil nach gewisser Zeit weder an das Liebesspiel noch an die daran beteiligte Intimpartnerin zu erinnern. Frauen werden mit diesem rein männlichen Phänomen immer dann konfrontiert, wenn sie ihren neuen Lebensabschnittsgefährten nach den bisherigen Liebschaften fragen (eine sehr gefährliche Frage) und er deren Anzahl nicht genau beziffern, sondern nur grob schätzen kann (Männern empfiehlt sich hier im Idealfall, gnadenlos zu kokettieren und zu antworten: »Mit weniger, als du denkst« – in der Hoffnung, die Frau gibt sich mit dieser vagen Antwort zufrieden …). Geht es hingegen um die mobilen Gefährten, die Mann zeit seines Lebens sein Eigen nennen durfte, kann er detailliert Auskunft geben.

Dass Männer in der Tat große Probleme haben, ihre Verflossenen zu rekapitulieren, konnte auch der Psychologieprofessor Norman Brown von der University of Alberta (Kanada) nachweisen. Um herauszufinden, wie viele Geschlechtspartner Männer und Frauen in ihrem Leben bereits hatten und wie sie sich daran erinnern, interviewte er über 1100 Kanadier. Nachdem er die Anzahl der bisherigen Sexualkontakte abgefragt hatte, wollte Brown von den Teilnehmern der Untersuchung zudem noch wissen, wie sie denn auf die Zahlen gekommen seien.

Das Ergebnis der Befragung ist nicht besonders überraschend: So gaben die Männer an, im Schnitt 11,9 Sexualpartner gehabt zu haben, während die Frauen gerade mal auf 6,2 kamen. Diese Zahlen machten den Psychologen natürlich stutzig: Da meistens ja Männer mit Frauen und umgekehrt Frauen mit Männern sexuell verkehren, müssten doch logischerweise die entsprechenden Zahlen auf beiden Seiten ähnlich sein. Die Schlussfolgerung, die der Professor daraus zog: Entweder gab es in Kanada ein paar sehr aktive Männer, die das Glück hatten, mit zahlreichen Frauen in engeren Kontakt zu kommen, oder eines der beiden Geschlechter hatte – wissentlich oder unwissentlich – falsche Angaben gemacht.

Welches Geschlecht womöglich nicht ganz korrekt recherchiert hatte, ergab sich aus der Auswertung der Antworten auf die Frage, wie die männlichen und weiblichen Teilnehmer bei der Bestimmung der bisherigen Sexualpartner vorgegangen seien. Danach schätzten Männer doppelt so häufig wie Frauen einfach grob die Anzahl ihrer bisherigen Intimpartner, während die Frauen sich genau an die einzelnen Liebesverhältnisse bzw. an die daran beteiligten Personen erinnern und deren Anzahl somit exakt kalkulieren konnten. Dies wurde auch durch die Angaben der Teilnehmer bestätigt: So waren sich zwei Drittel der Frauen ganz sicher, was die Validität ihrer Angaben betraf. Die Männer gaben hingegen doppelt so häufig an dass sie eigentlich keine Ahnung hätten und deshalb schätzen müssten.

Zu einem ähnlichen Ergebnis kam der Wissenschaftler Brown von der University of Alberta schon Ende der Neunzigerjahre des vorigen Jahrhunderts in einer Studie, die im *Journal of Sex Research* publiziert wurde. Zusammen mit seinem Kollegen Robert C. Sinclair hatte er 1723 Studenten (1036 Frauen, 687 Männern) der eigenen kanadischen, aber auch mehrerer amerikanischer Universitäten unter anderem dieselben zwei Fragen gestellt wie oben. Darüber hinaus wurden die Teilnehmer aber auch nach den Sexualpartnern der letzten zwölf Monate befragt.

Da die Studenten noch relativ jung waren (das Durchschnittsalter lag bei gerade mal 19 Jahren), waren sowohl die Quantität als auch die Diskrepanz nicht so hoch wie bei der knapp vier Jahre später durchgeführten Studie. Die Männer hatten danach im Schnitt 3,79 Sexualpartner, während die jungen Damen gerade mal 2,54 Intimkontakte angaben. Ging es indes um die Personen, mit denen sie in den letzten zwölf Monaten Verkehr hatten, waren die Unterschiede zwischen Mann und Frau signifikant geringer. Immerhin knapp acht Prozent der befragten jungen Männer hatte schon mit über 50 Frauen geschlafen (zum Vergleich: Der frühere Basketballstar Wilt Chamberlain war nach eigenen Angaben mit sage und schreibe zirka 20 000 Frauen im Bett – da müssen sich die besagten Studenten also noch mächtig ins Zeug legen.).

Allerdings sind nicht nur die Angaben der Basketball-Ikone, sondern auch die der Studienteilnehmer mit Vorsicht zu genießen. Je mehr Sexualpartner die Studenten nämlich angaben, desto häufiger bedienten sie sich der Schätzmethode (gut, vielleicht hat Wilt Chamberlain eine Excel-Tabelle geführt. Der *Kiss*-Bassist Gene Simmons hat hingegen vorgemacht, was vorbildliche Buchhaltung ist: Seine angeblich 4600 Eroberungen hat er akribisch fotografisch dokumentiert.). Und natürlich tendieren besonders die Männer dazu, eher zu viele als zu wenige Geliebte zu nennen. Welcher Mann steht nicht gerne als großer Womanizer da!

Bei der Begründung, warum Männer dazu neigen, die Anzahl ihrer Geliebten zu hoch anzusetzen, nimmt der Studienleiter das starke, aber doch oft so schwache Geschlecht in Schutz: Laut Brown lassen die Angaben der Männer nicht zwangsläufig den Schluss zu, dass sie lügen. Vielmehr könnte es sein, dass Männer sich bei der Rekapitulierung ihrer Liebhaberinnen entweder keine Mühe geben, dass sie schlicht und einfach zu faul und ungeduldig sind, um sich bei Telefonumfragen ernsthaft Gedanken über ihre Eroberungen zu machen, oder dass in der kanadischen Provinz Alberta tatsächlich einige überaus promiske Exemplare des Spezies Mann unterwegs sind.

Evolutionspsychologen bieten eine weitere logische Erklärung dafür an, warum Männer sich schwer damit tun, die exakte Anzahl ihrer Sexualpartnerinnen zu bestimmen: Für Männer sei die Quantität einfach wichtiger als die Qualität – bei Frauen sei es genau umgekehrt. Dementsprechend kritischer sieht auch die Psychologieprofessorin Janet Hyde von der University of Wisconsin die fehleranfällige Schätzmethode des männlichen Geschlechts. Nach ihrer Ansicht hinterlassen die Sexualkontakte bei Männern scheinbar weniger emotionale Spuren als bei Frauen. Der beste Beweis:

Viele Jungs haben größte Mühe, die Namen ihrer Verflossenen auf die Reihe zu kriegen, während Frauen nur selten den Namen eines Mannes vergessen, mit dem sie im Bett waren. Dafür können Männer andere Dinge exakt rekapitulieren – wie viele Autos, von welchem Typ bzw. welcher Marke, aus welchem Baujahr, mit welcher Lackfarbe und Sonderausstattung sie in ihrem Leben schon gefahren haben (was bei den Frauen natürlich Unmut und ungläubiges Kopfschütteln hervorruft).

Presslufthammer sucht Baustelle

Bei dem ungläubigen Kopfschütteln der Frauen über die Tatsache, dass die Männer auf ihrer cerebralen Festplatte eher früher gefahrene Autos als verflossene Geliebte abspeichern, bleibt es allerdings nicht. Fassungslos und empört werden sie sicher auch reagieren, wenn sie erstmalig mit der Tatsache konfrontiert werden, dass Männer wenig bekleidete Frauen offenbar mit dem Warensortiment ihres ganz persönlichen El Dorados gleichsetzen – dem Baumarkt! Eine abwegige Assoziation? Mitnichten! Männer sind diesbezüglich sehr sparsam und effektiv: Sie benutzen bei der Bildverarbeitung beider Dinge – sprich: halb nackte Mädels und Werkzeuge – offenbar dieselben Hirnareale.

Zu diesem Ergebnis kam jedenfalls die US-Psychologin Susan Fiske. Laut ihrer im *Journal of Cognitive Neuroscience* erschienenen Studie betrachten Männer Vertreterinnen des weiblichen Geschlechts in der Tat eher als simple Objekte denn als menschliche Wesen, zumindest wenn sie ihnen spärlich bekleidet auf Fotos präsentiert werden.

Für die Studie legte die Wissenschaftlerin der Princeton University, zusammen mit Mina Cikara und Jennifer Eberhardt von der Stanford University, 21 heterosexuelle Männer in einen Hirnscanner. Darin wurden ihnen unter anderem zwanzig Bilder von komplett angezogenen Frauen und Männern sowie von Damen und Herren in Badebekleidung gezeigt (jedes Bild erschien nur 200 Millisekunden lang). Danach sollten die Probanden angeben, ob sie sich eher an das Gesicht oder den Körper der jeweils gezeigten Person erinnerten. Mittels eines Fragebogens wurde zudem sondiert, wie frauenfeindlich die einzelnen Studienteilnehmer waren.

Von dem Resultat waren selbst die hartgesottenen Psychologinnen schockiert: Betrachteten die Probanden die Bilder der Frauen, die nur einen Bikini trugen, zeigten jene Hirngegenden die stärkste Erregung, die normalerweise der Handlungsvorbereitung oder der Bearbeitung von Gegenständen dienen. Das heißt, dieselben Areale leuchten auf, wenn Männer Bilder von Schraubenschlüsseln oder anderen Werkzeugen sehen.

Auch andere Ergebnisse der Untersuchung waren für die Forscherinnen erschreckend: So zeigten vor allem die Probanden, die eine eher frauenfeindliche Einstellung aufwiesen, bei Betrachtung der spärlich bekleideten Damen keinerlei Reaktionen in den Hirnarealen, die für Einfühlungsvermögen bzw. Verständnis zuständig sind und dafür sorgen, dass man sein Gegenüber als Mensch mit Gedanken und Bedürfnissen wahrnimmt. Ernüchtert mussten die Psychologinnen zudem feststellen, dass sich die Männer an die halb nackten Frauen besser als an die bekleideten erinnern konnten – obwohl bei den spärlich bekleideten Damen nur der Torso und nicht das Gesicht zu sehen war.

Die Schlussfolgerungen, die Fiske aus ihrem Experiment zog, waren deprimierend: Männer machen offenbar aus weiblichen Subjekten, die viel Haut zeigen, Objekte, die es zu bearbeiten gilt. So manche Frau kann davon sicher ein Lied singen: Nicht wenige hatten wahrscheinlich schon mal das zweifelhafte Vergnügen, mit einem Mann zu schlafen, der beim Geschlechtsakt der Überzeugung war, sein Presslufthammer könne sich auf ihrer Baustelle mal ordentlich austoben. Zu solchen Mannsbildern gehörte wahrscheinlich auch der französische Schriftsteller Marcel Proust. Seine Aussage, Frauen seien schlicht »austauschbare Werkzeuge zu einem stets gleichen Vergnügen«, lässt jedenfalls kaum eine andere Deutung zu.

Ergo: Manche Männer sehen anscheinend in der Tat Übereinstimmungen zwischen Frauen und dem Warensortiment eines Baumarkts, was bei den Mädels eben nur eine Reaktion hervorrufen wird – fassungsloses Kopfschütteln!

»SROI« der Hausarbeit

Den Kopf schütteln die Damen aber auch, wenn es um das Engagement ihres Göttergatten im Haushalt geht. Den Mülleimer runtertragen, das Bad putzen, das Geschirr abspülen, ihre Hemden selber bügeln etc. – das alles ist bis heute, sehr zum Leidwesen der Frauen, bei vielen Männern immer noch keine Selbstverständlichkeit. Was die Kerle aber bisher nicht wussten: Sie zahlen für ihre mangelnde Beteiligung an der Hausarbeit höchstwahrscheinlich einen hohen Preis. Der da wäre? Weniger Sex! Glaubt man nämlich einer amerikanischen Untersuchung, würde sich ein verstärktes

Engagement in den eigenen vier Wänden für die Männer durch ein qualitativ wie quantitativ gesteigertes Sexualleben bezahlt machen. Das jedenfalls behauptet der Populärpsychologe Joshua Coleman in seinem Buch *The Lazy Husband: How to Get Men to do more Parenting and Housework*.

Danach haben im Haushalt helfende Männer besseren Sex als die klassischen Machos, die sich der Hausarbeit komplett entziehen. Aber nicht nur besseren, sondern auch häufigeren Sex. Laut Coleman besteht beispielsweise ein direkter Zusammenhang zwischen dem Anteil an der Hausarbeit und der Häufigkeit der Geschlechtsakte. Die Begründung: Je öfter die Männer im Haushalt mit anpacken, desto glücklicher sind die Frauen. Diese gestiegene eheliche Zufriedenheit des weiblichen Geschlechts führe dazu, dass die Frauen sich von ihren Männern sexuell stärker angezogen fühlen.

Diese Erkenntnisse sollten den deutschen Mann eigentlich dazu bewegen, häufiger den Besen zu schwingen oder den Staubsauger in die Hand zu nehmen – aber weit gefehlt! Laut der vom Institut für Demoskopie Allensbach erstellten Familienstudie 2010 des deutschen Haushaltsgeräteherstellers Vorwerk kümmern sich fast ausschließlich die Frauen um hauswirtschaftliche Tätigkeiten wie Bügeln, Wäsche waschen, Kochen, Putzen etc. So fühlt sich zum Beispiel nur in kläglichem einen Prozent der Haushalte der Mann bemüßigt, den Fußboden oder das Bad zu reinigen.

Da können sich die deutschen Männer scheinbar noch eine Scheibe von ihren britischen Geschlechtsgenossen abschneiden. Denn laut einer von der Beauty-Marke »Dove« in Auftrag gegebenen Umfrage unter 1000 Männern kümmern sich die Mannsbilder im Königreich immerhin 13 Stunden pro Woche um den Haushalt – inklusive Toilettenputzen, Müll wegbringen und Betten machen! Allerdings gaben 60 Prozent der Befragten an, dass ihre Arbeit von den Frauen nicht beachtet werde (sodass natürlich auch die Belohnung in Form von mehr Sex ausbleibt).

Von vermehrter Mithilfe im Haushalt profitiert hingegen die Ehefrau deutlich mehr. Zu diesem Ergebnis kommt jedenfalls die Soziologin Constance T. Gager von der Montclair State University (New Jersey/USA) in einer Studie, die im *Journal of Family Issues* erschienen ist. Zusammen mit ihrem Kollegen Scott T. Yabiku von der Arizona State University wertete Gager Daten von insgesamt 6877 verheirateten Paaren aus, die an einer amerikanischen Langzeitstudie teilgenommen hatten *(National Surveys of Families and Households)*. Darin wurden beide Ehepartner beispielsweise gefragt, wie oft sie im letzten Monat Geschlechtsverkehr hatten. Zudem sollten die teilnehmenden Paare Angaben darüber machen, wie viele Stunden sie in der letzten Woche (vor der Befragung) investiert hätten, um Essen zu kochen, Geschirr zu spülen oder Wäsche zu waschen, das Haus zu putzen, einkaufen zu gehen oder sich um das Auto zu kümmern.

Die Ergebnisse: Die befragten Paare hatten im Schnitt 1,6-mal pro Woche Geschlechtsverkehr. Die Rollenverteilung bei der Hausarbeit war indes wie in Deutschland eher klassisch: Während die Frauen durchschnittlich knapp 42 Stunden pro Woche (!!), also Vollzeit, im Haushalt arbeiteten, waren es bei den Männern nicht einmal 24 Stunden (immerhin deutlich mehr als bei ihren britischen Geschlechtsgenossen, wobei man vermuten darf, dass mindestens 20 Stunden für Auto-Schraubereien draufgingen).

Für die Frauen machte sich das verstärkte Engagement in den heimischen vier Wänden allerdings bezahlt: Je mehr Zeit sie für die Hausarbeiten aufbrachten, desto mehr Geschlechtsverkehr hatten sie. Bei den Männern war der Effekt nur minimal. Das heißt, der »Sexual Return on Investment (SROI)« war für sie deutlich geringer als für die Frauen.

Das würde den Putzmuffeln unter den Männern (also fast allen) natürlich wunderbar in die Karten spielen. Scheinbar gibt es also doch keine spürbare Belohnung dafür, wenn er vermehrt zum Bügeleisen greift, die Waschmaschine anschmeißt oder das Essen kocht. Folgerichtig sollten das nach Meinung der Jungs doch lieber (weiterhin) die Frauen tun – schließlich danken die Männer es ihnen ja anscheinend mit vermehrter Verführung (genau das wollte Heiner Lauterbach wahrscheinlich auch zum Ausdruck bringen, als er bemerkte: »Eine Frau gehört an den Herd, und der sollte am besten im Schlafzimmer stehen.«).

Nein, so vage die Thesen von Joshua Coleman, die er unter anderem auf Erkenntnisse der Soziologen Scott Coltrane von der University of California in Riverside (USA) und Oriel Sullivan von der University of Oxford stützt, auch sein mögen – ganz unrecht hat er sicher nicht. Häufigere Mithilfe im Haushalt wird mit hoher Wahrscheinlichkeit positive Auswirkungen auf das gemeinsame Liebesleben haben. Was wiederum nicht unbedingt auf die gesteigerte Zufriedenheit der Frau zurückzuführen sein muss, sondern auch an der vermehrt gemeinsam verbrachten Zeit liegen kann. Wenn beide gleichzeitig in der (Wasch-)Küche arbeiten, ergibt sich doch eher die Gelegenheit für einen Quickie auf dem Herd oder dem Heißlufttrockner (frei nach dem Motto: Gelegenheit macht Liebe), als wenn sie das

Bad putzt und er auswärtigen Alibihausarbeiten nachgeht, wie zum Beispiel Auto waschen oder Einkäufe im Baumarkt erledigen. Ergo: »Richtige« Hausarbeit kann sich für Mann bezahlt machen, und der Preis ist nun wirklich nicht zu hoch.

Abturnende Tränen

Der Preis, den so manche Frauen für das Zusammensein mit ihrem Lebensabschnittsgefährten bezahlen müssen, empfinden sie dagegen häufig ein bisschen zu hoch. Die logische Folge: Erst kommt es zum endlosen Streit und schließlich zur Trennung – bei beiden werden von den Mädels auch mal gerne Tränen vergossen. Wird Mann damit konfrontiert, steht ihm der Kopf nach allem (wahrscheinlich sogar nach Hausarbeit) – aber sicher nicht nach Sex! Dazu bedarf es allerdings nicht einmal des Anblicks von Tränen – es genügt schon deren Geruch! Zu diesem verblüffenden Ergebnis kam jedenfalls ein israelisches Forscherteam um den Neurologen Noam Sobel vom Weizmann Institute of Science in Rehovot.

Der Studienleiter ließ zusammen mit Kollegen zwei Frauen im Alter von 30 und 31 Jahren traurige Filme anschauen. Die dabei vergossenen Tränen fingen die beiden Teilnehmerinnen in kleinen Gefäßen ein. Anschließend mussten 24 Männer entweder an den »eingefangenen« Tränen oder an einer Salzlösung schnüffeln, die den Tränenspenderinnen zuvor über die Wangen geträufelt worden war. Die Männer konnten allerdings keinen Geruchsunterschied zwischen Tränen und Salzlösung feststellen.

Für die weiteren Experimente wurde der Versuchsaufbau verschärft: Die männlichen Probanden bekamen nun jeweils einen kleinen Streifen mit Tränenflüssigkeit oder Salzlösung unter die Nase geklebt, der sie permanent mit dem entsprechenden Odeur »berieselte«. Die Forscher wollten jetzt herausfinden, ob die Wahrnehmung der Männer trotz der Geruchlosigkeit beider Proben beeinflusst wird. Um eine Veränderung der Empfindung nachzuweisen, ließen die israelischen Neurologen die männlichen Testpersonen Abbildungen von Frauen betrachten, anhand derer sie beurteilen sollten, ob die abgelichteten Damen traurig waren. Zudem sollten sie angeben, wie sexuell attraktiv sie die Frauen fänden.

Das Resultat: Die Teilnehmer schätzten den tristen Gemütszustand ähnlich ein – egal, ob sie an echten Tränen oder an der Salzlösung rochen. Bei der Beurteilung der sexuellen Attraktivität gab es jedoch Unterschiede: Die Männer, die an echten Tränen schnüffelten, fanden die Frauen auf den Fotos weniger anziehend als ihre Testkollegen, die an einer Salzlösung schnupperten. Dass es wirklich an der Art der Flüssigkeit lag, ob die Damen als heiß oder unattraktiv bewertet wurden, konnte mit einem ganz einfachen Test herausgefunden werden – indem einfach die Rollen getauscht wurden: Die Probanden, die bislang mit der Tränenflüssigkeit hatten vorliebnehmen müssen (was sie natürlich nicht wussten), bekamen nun die Salzlösung unter die Nase geklebt (und umgekehrt). Und siehe da – mit der natriumhaltigen Flüssigkeit unter dem Zinken fanden die Herren die abgelichteten Damen auf einmal wieder äußerst sexy.

Damit aber nicht genug: In zwei weiteren Experimenten ließen die Wissenschaftler 50 bzw. 16 männliche Probanden – wiederum mit Tränen oder einer Salzlösung traurige, lustige und Pornofilme anschauen. Um die sexuelle Erregung der Männer festzustellen, maßen die Forscher unter anderem den Testosterongehalt im Speichel, den Puls, den Hautwiderstand oder die Gehirnströme in Bereichen, die bei sexueller Erregung aktiv sind. Das Ergebnis: Hatten die Teilnehmer echte Tränen der Trauer unter der Nase, sank der Testosteronspiegel, aber auch die entsprechenden Gehirnareale zeigten deutlich weniger Aktivität. Die Tränenflüssigkeit hatte die Libido der Männer also signifikant geschwächt. Wie dies genau funktioniert und welcher Inhaltsstoff bzw. welches chemische Signal für diese Reaktion verantwortlich ist, konnten die israelischen Wissenschaftler allerdings nicht feststellen.

Das ist aber auch nicht so wichtig, denn für den Alltagsgebrauch dieser Erkenntnisse, die im Fachmagazin *Science* publiziert wurden, zählt primär das Ergebnis. So bieten sich Frauen ganz neue Möglichkeiten, bei fehlender Lust den vom Mann erwünschten Beischlaf zu verhindern. Sie brauchen sich nur alleine, noch besser aber gemeinsam mit dem Partner vor dem Zubettgehen traurige Liebesschnulzen anzuschauen und dabei wie ein Schlosshund zu heulen – und schon hat sich die Sache mit dem Sex erledigt. Sollte es auf Knopfdruck mit der Produktion der Tränenflüssigkeit nicht funktionieren, könnte es sich empfehlen, vergossene Tränen aufzuheben, zu konservieren und ihrem Lustmolch bei Gelegenheit »unter die Nase zu reiben«.

Sex und Geld

Sexgott Bill Gates

Er wird immer wieder zum Besten gegeben – der abgedroschene Spruch: Geld macht nicht glücklich. Und zwar frappierend häufig von Leuten, die keines haben. Zweifellos kann Geld kein dauerhaftes Glück garantieren, aber um einen kurzen Glückszustand zu erzeugen – beispielsweise in Form eines weiblichen Orgasmus –, ist es scheinbar nicht verkehrt. Zu ebendiesem Höhepunkt kann Mann Frau leichter verhelfen, wenn er über ein gut gefülltes Portemonnaie verfügt. So jedenfalls die These einer britischen Studie der Psychologen Thomas Pollet und Daniel Nettle von der Newcastle University.

Für die im Fachblatt *Evolution and Human Behavior* publizierte Untersuchung analysierten die beiden Forscher die Daten einer groß angelegten Umfrage unter 5000 Chinesen, des *Chinese Health and Family Life Survey,* darunter 1543 Frauen im Alter zwischen 20 und 64 Jahren, die einen festen männlichen Partner hatten. Von diesen Frauen gaben 121 an, beim Sex »immer« einen Orgasmus zu bekommen. Immerhin noch 408 der befragten Damen erlebten zumindest »oft« einen Höhepunkt, während die relative Mehrheit von 762 Frauen die sexuelle Ekstase nur »manchmal« verspürte. Bemitleidenswerte 243 Teilnehmerinnen an der Umfrage mussten gestehen, nur »selten« (182) oder »nie« (61) einen Orgasmus beim Geschlechtsverkehr zu haben. Die befragten Frauen sollten außerdem angeben, wie viel Geld ihr Mann verdient und wie groß er ist.

Nach Auswertung der Daten kamen Pollet und Nettle zu einem verblüffenden Ergebnis: Die von den Frauen angegebene Häufigkeit der sexuellen Höhepunkte nimmt zu, je höher das Einkommen des Partners ist (das werden die emanzipierten Frauen natürlich gar nicht gerne hören). Es stellt sich natürlich die Frage, warum das so ist bzw. welche evolutionäre Strategie sich hinter dieser Korrelation möglicherweise verbirgt.

Rein evolutionär gesehen, wäre der Zusammenhang in der Tat sinnvoll: So verfügen wohlhabende Männer über entsprechende Ressourcen, die es dem weiblichen Geschlecht sicher erleichtern, den Nachwuchs großzuziehen, sprich: Frauen sehen einfach bessere Chancen zur dauerhaften Sicherung ihrer Gene. Zwar ist der weibliche Orgasmus nicht unbedingt notwendig zur Fortpflanzung, aber er kann den Samenzellen den beschwerlichen Weg zur eventuell reifen Eizelle doch etwas erleichtern, da die Spermien durch die rhythmische Kontraktion des Gebärmuttermunds verstärkt in Richtung Eizelle gesogen werden.

Zudem droht den Frauen beim Sex immer die Gefahr, schwanger zu werden. Das bedeutet, sie müssen eine anstrengende neunmonatige »Brutphase« samt schmerzhafter Geburt durchstehen, um sich sodann der beschwerlichen Aufzucht des Nachwuchses zu widmen. Um die Last der »Brutpflege« nicht alleine tragen zu müssen, brauchen die Frauen einen Partner, der sie unterstützt – wenn schon nicht körperlich, dann wenigstens materiell. Und genau dazu ist ein ressourcenstarker Mann in der Lage. Dieses Faktum verschafft den Frauen jene Sicherheit, die dazu beiträgt, dass sie – unbewusst – den Sex mit einem wohlhabenden Mann etwas unbeschwerter und entspannter angehen. Außerdem ist die Erkenntnis nicht neu, dass die sexuelle Lust sich bei Frauen weit stärker im Kopf abspielt als bei Männern. Und wenn der Kopf frei ist, dann ist eventuell auch der Weg zum Orgasmus frei.

Doch die Wissenschaftler vermuten, dass es noch weitere Gründe dafür geben könnte, warum Frauen bei reichen Männern öfter einen sexuellen Höhepunkt erleben. So spekuliert beispielsweise der Psychologe David Buss von der University of Texas, dass Frauen die begehrenswerten Männer durch größere Orgasmushäufigkeit emotional stärker an sich binden wollen. Pollet und Nettle nahmen hingegen an, dass die Frauen möglicherweise versuchen, von den sexuellen Qualitäten des Mannes auf dessen allgemeine Qualität zu schließen. Das heißt, der Höhepunkt der Frau diente dazu, zwischen tauglichen und weniger tauglichen Männern zu unterscheiden, frei nach dem Motto: die Guten ins Töpfchen, die Schlechten ins Kröpfchen. Ergo: Je häufiger Frau kommt, desto besser muss der beteiligte Mann sein (zugegeben, ein sehr wagemutiges und riskantes Auswahlverfahren).

Doch all die Spekulationen, Vermutungen und Erklärungsversuche erwiesen sich ein Jahr später als wertlos, nachdem zwei Statistiker von der Ludwig-Maximilians-Universität in München nachgewiesen hatten, dass Nettle und Pollet ein Fehler bei der statistischen Auswertung unterlaufen war. Professor Torsten Hothorn und seine Kollegin Esther Herberich hatten den öffentlich zugänglichen Datensatz noch einmal überprüft und den zuvor unterstellten Zusammenhang nicht feststellen können. Sie kamen zu einem anderen Ergebnis: Entscheidend ist nicht das Geld, sondern der Bildungsstand einer Frau. Je höher Letzterer bei den Chinesinnen war, desto größer war ihre Chance auf einen Orgasmus (alle bildungsfernen Mädels hätten somit seltener das Vergnügen, einen Höhepunkt zu erleben – die These ist auch nicht viel stichhaltiger). Der holländische und der britische Forscher sahen daraufhin ihren Fehler ein und veröffentlichten zusammen mit den beiden Statistikern das korrigierte Ergebnis wiederum in der Fachzeitschrift *Evolution and Human Behavior.*

Feministinnen und Frauenrechtlerinnen werden aufatmen: Nicht das Geld des Mannes lässt Frau kommen, sondern ihre eigene bessere Bildung bringt sie zum Höhepunkt. Eine eventuell immer noch richtige Erkenntnis von Pollet und Nettle hätte aber auch den Alice-Schwarzer-Fans in die Karten gespielt: So konnten die Psychologen keinerlei Hinweis darauf entdecken, dass Frauen reicher Männer auch langfristig glücklicher sind.

Eigentlich schade, dass die Studie widerlegt wurde, hätte man aus den Ergebnissen doch die Schlussfolgerung ziehen können, dass beispielsweise Bill Gates' Ehefrau reihenweise multiple Orgasmen erleben müsse. Bill Gates, der Sexgott – eine irgendwie belustigende Vorstellung. Aber zum Glück ist seine Frau ja auch gebildet!

Promiske Spendierhosen

Abgesehen davon, dass es kaum ein probates Mittel sein dürfte, den idealen Mann alleine nach seinem Portemonnaie auszusuchen, würde diese Vorgehensweise die Damen vor ein weiteres großes Problem stellen: Wohlhabende und dementsprechend meist spendablere Männer werden von vielen Frauen begehrt, das heißt, die Konkurrenz ist enorm. Für den großzügigen Mann kann dieses Überangebot durchaus angenehme Folgen haben, beschert der locker sitzende Geldbeutel ihm doch offenbar mehr weibliche Sexualpartner als seinen eher knauserigen Geschlechtsgenossen. Das ist jedenfalls das Ergebnis einer Studie des Psychologen Daniel Kruger von der University of Michigan in Ann Arbor (USA).

Für die Untersuchung, die in der Fachzeitschrift *Evolutionary Psychology* erschienen ist, interviewte er telefonisch 100 Männer und 309 Frauen im Alter von 18 bis 45 Jahren. Um ihre finanzielle Risikobereitschaft zu ermitteln, wurden die Teilnehmer beispielsweise gefragt, ob sie monatlich einen bestimmten Geldbetrag sparen oder eher häufig ihre Kreditkarte überziehen würden. Ihr Partnerverhalten wurde durch folgende Fragen erfasst: »Wie viele Sexualpartner hatten sie in den letzten fünf Jahren?« und »Wie viele Sexualpartner möchten sie in den nächsten fünf Jahren haben?«

Das Resultat: Bei den Männern konnte ein erkennbarer Zusammenhang zwischen der Tendenz, das Konto zu überziehen, und der Anzahl der Sexualpartner in der Vergangenheit nachgewiesen werden. Aber auch für die Zukunft wünschten sich die spendableren Männer ein promiskeres Sexualleben als ihre weniger ausgabefreudigen Artgenossen. So hatten 25 Prozent der sparsameren Männer in den letzten fünf Jahren im Durchschnitt drei Partner und wünschten sich in der Zukunft nur eine Partnerin (wahrscheinlich war bei dem Telefoninterview die momentane Lebensgefährtin anwesend). Die verschwenderischeren Männer hatten dagegen im Schnitt mit sechs Frauen intimen Kontakt und strebten in Zukunft an, mit mindestens zwei weiteren Frauen zu schlafen.

Überraschend ist, dass der Zusammenhang zwischen Spendierfreude und Sexualpartnerinnen selbst bei verheirateten Männern nachgewiesen werden konnte, obwohl diese in den letzten fünf Jahren von weniger Bettgenossinnen berichteten als die alleinstehenden Männer Bei den befragten Frauen war keine Korrelation zwischen übermäßigem Konsum und Partnerfluktuation festzustellen.

Studienleiter Daniel Kruger kam zu dem Fazit, dass die Männer heutzutage versuchten, die früher wichtige Rolle als guter Ernährer und damit attraktiver Partner für die Frauen durch vermehrte Geldausgaben für die Frauen zu ersetzen. Wofür das Geld ausgegeben wurde, hat die Studie leider nicht geklärt. Wäre es beispielsweise in die Geldbörsen professioneller Liebesdienerinnen geflossen, dann wäre dies zwar eine Erklärung für die (in der Studie festgestellte) größere Zahl an Sexualpartnerinnen, würde aber zugleich die Schlussfolgerung von Kruger ad absurdum führen.

Sexy iPhone

Wofür Männer gerne ihr Geld ausgeben, konnte durch eine andere Studie geklärt werden, deren Ergebnisse jedoch kaum überraschen. Bevorzugt investiert wird in Statussymbole – um damit wen zu beeindrucken? Natürlich die Damenwelt! Dicke Autos, edle Uhren, große Reisen, teures Essen, das neueste iPhone – an all dem hat Mann sicher viel Freude. Aber auch Frauen zeigen sich höchst erfreut über solche Dinge, was sie allerdings nicht unbedingt – wie oben zunächst vermutet – in den Schlafgemächern bekunden, wenngleich hübsche Präsente die Zuneigung sicher forcieren. Davon geht der Mann jedenfalls aus, wie eine Studie des Sozialpsychologen Vladas Griskevicius von der Arizona State University eindrucksvoll belegen konnte.

In dem Experiment, das er zusammen mit Kollegen von der University of Houston und der University of New Mexiko durchführte, wurden einem Teil der 159 Studienteilnehmer (89 Männer und 70 Frauen) auf einem Computerbildschirm drei Bilder einer attraktiven Person des jeweils anderen Geschlechts gezeigt. Die Probanden sollten ihren Favoriten/ ihre Favoritin bestimmen und sich vorstellen, sie würden sich auf ein erstes Date mit dem/der Auserwählten vorbereiten. Außerdem erhielten sie imaginäre 5000 Dollar, um sich neue Dinge zu kaufen. Zur Auswahl standen ein neues Auto, eine neue Uhr, ein Essen mit Freunden, eine Reise nach Europa oder ein neues Handy. Darüber hinaus wollten die Forscher von den Probanden wissen, wie viel Zeit sie im Monat für gemeinnützige, also unentgeltliche Arbeit aufbrächten.

Die im *Journal of Personality and Social Psychology* veröffentlichten Ergebnisse sprechen einmal mehr Bände: Die Herren der Schöpfung gaben ein Großteil der Summe für die vorgeschlagenen Statussymbole aus, wenngleich eine männliche Kontrollgruppe, die keine schöne Frau zu Gesicht bekommen hatte, sich weniger spendabel zeigte. Bei den Frauen hingegen spielte die Aussicht auf ein Rendezvous mit einem attraktiven Mann keine Rolle – sie hielten sich mit dem Konsum deutlich zurück (wahrscheinlich fehlten einfach Schuhe und Handtaschen bei der Produktauswahl). Als es jedoch darum ging, gemeinnützig aktiv zu werden, offenbaren besonders die Frauen ihr großes Herz, die demnächst den Mann ihrer Wahl treffen sollten. Die männlichen Probanden zeigten hingegen wenig Begeisterung, selbstlos aktiv zu werden.

Beide Geschlechter benutzen also scheinbar immer noch dieselben Strategien wie ihre Vorfahren: Er will Frau mit sichtbaren Ressourcen beeindrucken, die ihn als Ernährer prädestinieren. (Mit einem iPhone – egal, wie sexy das ist – wird er die Familie zwar nicht über Wasser halten können, aber es ist ja schon mal ein Anfang.) Sie hingegen will dem Mann durch ausgesprochen soziales Verhalten imponieren, das sie als potenziell hervorragende Mutter ausweist. Und beide Strategien sind tatsächlich seit Jahrhunderten erprobt und erfolgreich.

»Pussy Magnet«

Diese althergebrachten Strategien waren »Borat« alias Sacha Baron Cohen in seiner Rolle als kasachischer Auslandsreporter, der seinem Volk Land, Leute und Kultur der Vereinigten Staaten von Amerika näherbringen wollte, anscheinend unbekannt. Beispielsweise wusste er nicht, dass ein großes, teures Auto als sichtbares Statussymbol alleine schon genügt, um die Damenwelt zu betören. Folglich wollte er von dem ohnehin schon irritierten Autoverkäufer wissen, ob es möglich wäre, gegen Aufpreis einen »pussy magnet« in das Fahrzeug einzubauen. Belustigt wies der Händler ihn darauf hin, dass das legendäre amerikanische Geländewagenmodell »Hummer« diesen »Frauenmagneten« definitiv bereits besitze. Er ging sogar so weit zu behaupten, dass Frauen dieses Monstergefährt geradezu liebten.

Ein Verkäufer muss solch einen Quatsch natürlich verzapfen. Aber stimmt es denn zumindest, dass teure und große Fahrzeuge Frauen besonders imponieren? Das für die Damenwelt wenig schmeichelhafte Stereotyp besagt ja, je teurer und größer das Fahrzeug, desto mehr fühlt die Frau sich von dessen Besitzer angezogen. Emanzipierte und selber gut verdienende Frauen würden diese »Unterstellung« natürlich empört zurückweisen. Von der Wissenschaft wird dieses Klischee aber (leider) bestätigt. Beispielsweise durch eine Studie des Psychologen Michael Dunn von der University of Wales in Cardiff. Um nachzuweisen, dass Frauen bei Männern besonders auf Geld und Statussymbole achten, bedurfte es aber nicht einmal einer komplexen Versuchsanordnung. Wie in der Fachzeitschrift *British Journal of Psychology* von Studienleiter Dunn dargelegt, genügten dafür schon ein paar schlichte Fotos.

Auf den Abbildungen waren jeweils ein junger Mann oder eine junge Frau im Alter von 23 Jahren zu sehen. Beide waren ausgewählt worden, weil Studenten sie zuvor als durchschnittlich attraktiv bewertet hatten (sie erhielten auf einer Skala von 1 bis 10 den Wert 5). Die zwei Testpersonen saßen entweder am Volant eines silbernen Bentley Continental GT im Wert von 180 000 Euro oder hinter dem Steuer eines schäbigen roten Ford Fiesta ST. Sowohl Mann als auch Frau trugen auf den jeweiligen Fotos dieselbe Kleidung. Diese Porträts wurden dann im Stadtzentrum der walisischen Hauptstadt Cardiff über einen Zeitraum von vier Wochen hinweg insgesamt 236 männlichen und weiblichen Passanten im Alter von 21 bis 40 Jahren gezeigt, mit der Bitte, die Attraktivität der abgelichteten Personen auf einer Skala von 1 bis 10 zu beurteilen (die Frauen bekamen nur den Mann zu Gesicht, die Männer nur die Frau).

Das Ergebnis wirft kein gutes Licht auf die Damenwelt, denn die überwältigende Mehrheit der befragten Frauen fand denselben Mann im Schnitt deutlich attraktiver, wenn er in dem Bentley saß. Umgekehrt wurde die durchschnittliche Attraktivität der abgebildeten Frau von den Männern immer gleich bewertet – ob sie nun in dem Bentley oder dem Fiesta saß.

Die Schlussfolgerung, die der Psychologe aus seinem Experiment zog, ist nicht besonders verwunderlich: Offenbar sind Frauen dem Klischee entsprechend in der Tat eher am Status als an den Männern selber interessiert. So kommt Dunn zu dem abschließenden Urteil, dass die Damen anscheinend oberflächlicher sind als die Herren der Schöpfung (während doch gerade Erstere den Männern immer vorwerfen, nur auf Äußerlichkeiten zu achten).

Die Ergebnisse einer weiteren Studie aus den USA bestätigen diese für die Damenwelt nicht besonders schmeichelhafte Einschätzung. Um zu demonstrieren, dass Männer mit teuren Autos bei Frauen besser ankommen, veröffentlichten die beiden Psychologen Gregory A. Shuler und David M. McCord in zeitlichen Abständen insgesamt vier Fotos auf der Webseite *www.hotornot.com* (auf dieser Domain können die User die Attraktivität einer Person auf einer Skala von 1 bis 10 beurteilen). Ein Foto zeigte nur den Mann selber. Auf den anderen Abbildungen war der junge Kerl jeweils mit drei verschiedenen Autos abgelichtet: einem schäbigen Dogde Neon, einem Ford Focus oder einem Mercedes der C-Klasse. Alle Fahrzeuge hatten die gleiche Farbe – weiß.

Der Mann trug jeweils dasselbe Outfit und berührte mit der rechten Hand das Auto, um zu suggerieren, dass das Fahrzeug ihm gehöre. Fotografiert wurde er immer aus demselben Winkel und im gleichen Abstand. Um die Ähnlichkeit bei dem Mann auf den Bildern so groß wie möglich zu halten, blickte er absichtlich nie direkt in die Kamera. Die einzelnen Bilder wurden jeweils so lange ins Netz gestellt, bis sie von mehr als 100 Besuchern der Website bewertet worden waren.

Das Resultat: Die vier Bilder des jungen Mannes kamen in kurzer Zeit auf insgesamt 503 Bewertungen – 168 ohne Auto (allerdings war dieses Foto auch etwas länger im Netz als die anderen), 124 mit dem Dogde Neon, 118 mit dem Ford Focus und 102 mit der Mercedes C-Klasse. Da die Bewertungen auf dieser Webseite anonym abgegeben werden, lagen den Forschern keine demografischen Daten zu den Teilnehmern vor. Aufgrund von speziellen Untersuchungen über die Soziostruktur der Besucher gingen die beiden Psychologen aber davon aus, dass sich vorwiegend Frauen im Alter von 18 bis 35 Jahren die Fotos angeschaut und sie bewertet hatten.

Die im *American Journal of Psychological Research* erschienenen Ergebnisse stützten die Annahmen der Forscher: Mit einem Notendurchschnitt von 6,17 auf der hotornot-Skala schnitt nämlich die Abbildung des jungen Mannes mit dem Mercedes am besten ab. Die skurrilste Erkenntnis: Selbst mit einer schrottreifen Rostlaube wie dem Dogde Neon kam der junge Mann bei den Mädels noch besser an als komplett ohne Fahrzeug.

Die Quintessenz für die Männer muss deshalb lauten: Lieber eine alte Gammelkiste als gar kein Auto! Damit Mann allerdings wirklich gut ankommt, muss man ihm unbedingt zum Erwerb eines kostspieligeren Fahrzeugs raten. Dafür bekommt er dann auch den »pussy magnet« gleich mitgeliefert.

»Economic Sex«

Was aber tun, wenn man(n) nicht über entsprechende finanzielle Mittel verfügt, sich ein solch prestigeträchtiges Fahrzeug samt »pussy magnet« zu leisten? Der Arme wird sich wohl oder übel eine andere Strategie einfallen lassen müssen, um die Frauen zu betören. Welche das wäre? Gut aussehen? Einen muskulösen, gut durchtrainierten Körper vorweisen? Intelligent oder witzig sein? Sicher keine schlechte Strategie! Immerhin nehmen diese Merkmale auf der Liste der Gründe, warum Frauen Sex haben, die Plätze 17, 28, 34, 39 und 44 ein. Allerdings sind das nur einige von insgesamt 237 Gründen, warum Frauen mit Männern ins Bett gehen. Erstellt wurde die Liste von dem bereits erwähnten Psychologieprofessor Buss von der University of Texas in Austin. Abgedruckt ist sie in einem Aufsatz mit dem simplen Titel »Why Humans Have Sex«, der in der Fachzeitschrift *Archives of Sexual Behavior* publiziert wurde.

Zusammen mit seiner Kollegin Cindy M. Meston befragte Buss in einer ersten Untersuchung 203 Männer und 214 Frauen im Alter von 17 bis 52 Jahren. Die exakte Frage bzw. Anweisung lautete: »Bitte führen Sie alle Gründe auf, die Ihnen einfallen, warum Sie oder eine Person, die Sie kennen, in der Vergangenheit Geschlechtsverkehr hatten!« Die Ergebnisse (insgesamt 715 Gründe wurden genannt, die man zu 237 Motiven zusammenfasste) wurden anschließend in einer zweiten Studie mit einem Persönlichkeitstest bei 1549 Studenten (503 Männer und 1046 Frauen) ausgewertet.

Die Liste der Gründe lässt die Chancen der »armen« Kerle wieder schwinden: So gaben Frauen beispielsweise an, Sex gehabt zu haben, weil ihnen Geld geboten worden sei, sie welches verdienen wollten oder der Typ viel Geld hatte. In die gleiche Kategorie gehörten Motive wie: »Ich wollte einen Job, eine Beförderung, einen Gefallen, Geschenke oder Drogen.« Einige Antworten waren aber auch äußerst skurril: Manche Frauen wollten sich Gott näher fühlen, waren gelangweilt, wollten mit Sex das Thema wechseln oder einfach nur benutzt werden (was Frauenrechtlerinnen gar nicht gern hören werden). Selbst Schmerzlinderung scheint ein wichtiger Grund für Geschlechtsverkehr zu sein. So gaben Frauen an, Sex gehabt zu haben, weil sie Kopfschmerzen oder Menstruationsbeschwerden hatten. Es ging aber auch relativ häufig darum, jemand anderem Schmerzen – vor allem seelische – zuzufügen. Bei psychischer Bestrafung beließen es die Frauen jedoch nicht, gaben sie doch unter anderem auch den Wunsch an, den Partner mit einer Geschlechtskrankheit (zum Beispiel Herpes oder Aids) anzustecken.

Unterm Strich bleibt die Erkenntnis, dass die weiblichen Motive für Sex sehr vielfältig sind. In ihrem Buch *Why Women Have Sex* führten die beiden Forscher das Thema weiter aus. Dort kommen sie beispielsweise zu dem Ergebnis, dass neun Prozent der Teilnehmerinnen an ihren Studien Sex gezielt einsetzen, um sich materielle Vorteile zu verschaffen (man spricht dabei von »economic sex«). Vergleicht man diesen Befund mit den Ergebnissen von Umfragen in Russland, erscheinen die amerikanischen Frauen allerdings als wenig berechnende »Waisenmädchen«. Denn laut einer Umfrage der russischen Zeitschrift *Ogoniok* sehen 60 Prozent der Russinnen keinen Sinn in intimen Beziehungen, wenn sie ihnen keinen materiellen Vorteil bringen (das ist mal ehrlich). Hierbei könnte man auch von »weicher« Prostitution sprechen – die sich arme Schlucker allerdings nicht leisten können. Ihnen bleibt wiederum nur gutes Aussehen, Witz, Intelligenz etc., um Frau zu beeindrucken.

Profitabler Eisprung

Materiellen Nutzen aus dem Triebverhalten der Männer wollen auch Damen ziehen, die nicht so weit vom Prostituiertenmilieu entfernt sind – nämlich Stripperinnen. Konfrontiert wird man(n) mit ihnen zum Beispiel beim Junggesellenabschied, bei dem ein entsprechendes Etablissement aufgesucht wird, wo nackte Mädchen sich an Metallstangen um Kopf und Kragen tanzen. Akrobatisch schwingen sie sich um die Vertikale oder rutschen kopfüber an der Stange hinunter, sodass jeder Mann die Befürchtung haben muss: ein Ausrutscher, und die Tänzerin erleidet einen Schädelbasisbruch! Und das vielleicht direkt vor den Augen fleißiger Wissenschaftler. Denn – auch wenn man es kaum glauben will – selbst in einem solchen Etablissement betreiben Forscher ausgiebige Feldstudien, zum Beispiel der Psychologe Geoffrey F. Miller von der University of New Mexico.

Er wollte wissen, wovon es abhängt, wie viele Dollar eine Stripperin pro Abend einnimmt. Sicher sehr zur eigenen wie zur Freude seiner Forscherkollegen Joshua M. Tybur und

Brent D. Jordan ließen sich Recherchen in den »Gentlemen's Clubs« ihrer Heimatstadt Albuquerque in diesem Fall nicht vermeiden, wollte man zu verwertbaren wissenschaftlichen Ergebnissen kommen. (Zu gern würde man wissen, wie sie das Forschungsvorhaben ihren Ehefrauen oder Lebensgefährtinnen erklärt haben.) Letztendlich nahmen 18 Stripperinnen an der Studie teil. Sie sollten über einen Zeitraum von 60 Tagen ihre Arbeitszeiten sowie ihren Menstruationszyklus und die Höhe ihres täglichen Trinkgelds mittels Internet protokollieren. Dokumentiert wurden insgesamt Einnahmen aus 5300 »lap dances«.

Das Ergebnis der im Fachmagazin *Evolution and Human Behavior* veröffentlichten Studie ist verblüffend: Die Auswertung der Daten ergab, dass die Tänzerinnen während ihrer fruchtbaren Phase am meisten verdient hatten. Die Zahlen sind beeindruckend. In den Tagen rund um ihren Eisprung nahmen die Stripperinnen im Schnitt 335 Dollar pro Fünfstundenschicht ein (das ist ein Stundenlohn von fast 70 Dollar!). Während der Menstruation waren es hingegen nur 185 Dollar – also sage und schreibe 150 Dollar weniger. In der Zeit zwischen Ovulation und Periodenblutung erhielten sie immerhin noch 260 Dollar. Tänzerinnen, welche die Antibabypille nahmen, kamen auch schlechter weg: Sie verdienten in einer Schicht nur 193 Dollar, während die auf Verhütungsmittel verzichtenden Ladys durchschnittlich 276 Dollar zugesteckt bekamen (das sind über 80 Dollar mehr in nur fünf Stunden – finanziell stark ambitionierte Stripperinnen sollten das mit der Verhütung also noch mal überdenken).

Das Ergebnis des Versuchs gab den Forschern zu denken: Wie konnten die Männer die Fruchtbarkeit der Tänzerinnen so exakt wahrnehmen? Geschah es über den Geruch? Oder zeigten die Damen ein verändertes Verhalten? Antworten auf diese Fragen konnten sie allerdings keine geben. Für das Phänomen der gestiegenen Spendierfreude während des Eisprungs hatten die Psychologen indes eine plausible Erklärung parat: Die Besucher der Bar versuchten einfach, mit dem Geld einen gehobenen Status zu suggerieren.

Einen gehobenen Status besitzen hingegen sicher die zumeist wissenschaftlich gebildeten Leser der Fachzeitschriften, die sich natürlich nie in solch verruchten Bars blicken lassen würden (ist klar!). Deshalb hielten es Miller und seine Kollegen für notwendig, diesen Bildungsbürgern den doch etwas außergewöhnlichen Forschungsschauplatz ein wenig näherzubringen. So wurde beispielsweise erklärt, welche Musik dort läuft (Rock, Rap, Pop), wie die Atmosphäre ist (dunkel, laut und verraucht), was in den Brüsten der Tänzerinnen steckt (meist Silikonimplantate) oder wie ein »lap dance« abläuft (»Dieser beinhaltet rhythmischen Kontakt zwischen dem weiblichen Becken und dem noch bekleideten männlichen Penis.«). Besonders interessant ist der ausdrückliche Hinweis der Forscher, dass die Damen unten herum immer bekleidet seien. Die Folge: Menstruierende Tänzerinnen konnten Tampons tragen und somit weiter ihrem Job nachgehen.

Die redlichen Bemühungen der Striptease-Forscher wurden jedoch nicht belohnt. Ganz im Gegenteil: Die drei wurden für ihre Studie mit dem »Ig-Nobelpreis« ausgezeichnet – der auch als Anti-Nobelpreis bezeichnet wird. Verliehen wird diese Trophäe von der Harvard University zur »Honorierung« skurriler, aber unnützer wissenschaftlicher Arbeiten. Nicht minder skurril ist das Fachgebiet, in dem Miller und seine Forscherkollegen den satirischen Preis im Jahr 2008 erhielten – nämlich in der Kategorie »Wirtschaft«.

Trotzdem: Welche Schlussfolgerungen sollten außerordentlich geschäftstüchtige und wirtschaftlich ambitionierte Tänzerinnen aus den Ergebnissen der Studie ziehen? Einige werden sich gewiss Gedanken machen, wie sie ihren Profit maximieren können: Die Pille absetzen!? Kein Problem, wenn der Freund – soweit vorhanden – sich künftig wieder etwas überzieht. Nur noch an den fruchtbaren Tagen strippen!? Wenn der Schichtplan es hergibt! Viel geschickter wäre es aber noch, wenn Frau einfach mehrere Eisprünge in einem Monat haben könnte!? Geht nicht!? Falsch! Es ist zwar eher selten, aber nicht unmöglich, mehr als eine Ovulation im Monat zu haben.

Dies ist jedenfalls das Ergebnis einer kanadischen Studie, die in der Fachzeitschrift *Fertility and Sterility* erschienen ist. Dafür untersuchte der Gynäkologe Roger Pierson von der University of Saskatchewan in Saskatoon (Kanada) insgesamt 50 Frauen im Alter zwischen 19 und 43 Jahren über einen Zeitraum von etwa sechs Wochen täglich per Ultraschall. Das Resultat: Immerhin knapp zehn Prozent der Probandinnen hatten in einem Menstruationszyklus zwei Eisprünge. Bei 34 Frauen konnten, wie erwartet, zwei, bei beachtlichen 16 sogar drei Intervalle während der sechs Wochen festgestellt werden, in denen mehrere Follikel heranreiften (diese Erkenntnis war ebenfalls neu).

Ergo: Schätzungsweise zehn Prozent der weltweiten Stripperinnen könnten sich als tanzende Goldesel herausstellen, da sie zwei fruchtbare Phasen in einem Zyklus aufweisen.

Abgesehen davon ist der oben dokumentierte Verdienst bei einem Eisprung auch schon nicht von schlechten Eltern. Aber auch Nicht-Stripperinnen können von den Studienergebnissen profitieren: So sollte jede Frau, die gewisse Wünsche hegt, für deren Erfüllung sie einen zahlungskräftigen Sponsor benötigt, am besten an ihn, sprich: den Ehemann oder Lebensgefährten, herantreten, wenn gerade ein Follikel unterwegs ist. In welcher Form das geschieht – komplett angezogen oder halb nackt –, bleibt letztendlich Frau selbst überlassen.

Oralsex und Masturbation

Billy Boys erfolgreiches Aufklärungsprogramm

Man sieht ihn noch bildlich vor sich: Mit hochrotem Kopf erklärt Bill Clinton der Jury um Sonderermittler Kenneth Starr und später auch der amerikanischen Öffentlichkeit, dass er keine sexuelle Beziehung zu Monica Lewinsky gehabt habe. Der Trick dabei: Aus seiner Sicht war der passive Oralverkehr der drallen Praktikantin alles gewesen – nur kein Sex! Mit dieser Auffassung stand und steht Clinton in den Vereinigten Staaten jedoch keineswegs alleine da. Ein Großteil der jungen US-Bürger ist derselben Meinung wie ihr früherer Präsident – genauer: knapp 80 Prozent!

Zu diesem verblüffenden Ergebnis kommt eine Untersuchung des Department of Family Studies der University of Kentucky in Lexington (USA). Für die in der Fachzeit-

schrift *Perspectives on Sexual and Reproductive Health* veröffentlichte Studie befragten der Philosoph Jason D. Hans
zusammen mit zwei Kolleginnen 477 Studenten (328 Frauen,
149 Männer) im Alter von 18 bis 41 Jahren. Die Forscher
wollten von den Probanden unter anderem wissen, wie sie
genau Sex definieren. Zur Auswahl standen insgesamt elf
Stichpunkte. Auf die Vorschläge der Wissenschaftler mussten die Teilnehmer entweder mit »Ja« oder mit »Nein« antworten.

Das Resultat: Nur knapp über 20 Prozent der befragten
Männer definierten passiven oder aktiven Oralverkehr als
Sex. Bei den Frauen waren es noch weniger: So gaben nur
knapp 18 Prozent an, einen Blowjob als Geschlechtsverkehr
zu verstehen. Aber auch Analverkehr zählte für die Studenten nicht unbedingt zum Beischlaf. Dieser Meinung waren
bei beiden Geschlechtern über 20 Prozent. Zurückzuführen
sind diese doch etwas sonderbaren Ergebnisse eventuell auf
das doch relativ junge Alter der Befragten (das Durchschnittsalter lag bei 20,7 Jahren).

Dass diese These nicht ganz unschlüssig ist, lässt sich
aus einer Untersuchung des Kinsey Institute der Indiana
University in Bloomington (USA) folgern. Für die im Fachjournal *Sexual Health* erschienene Studie befragten der
Sexualwissenschaftler Brandon Hill und seine Kollegen insgesamt 486 größtenteils heterosexuelle US-Amerikaner im
Alter von 18 bis 96 Jahren (204 Männer, 282 Frauen). Die
exakte Frage lautete: »Würden Sie sagen, Sie hätten Sex
gehabt, wenn Sie mit Ihrem Intimpartner folgende Praktiken ausgeführt haben?« Danach wurden ihnen 14 sexuelle
Spielarten, unter anderem Oral- und Analverkehr, genannt.
Und in der Tat: Diesmal gaben nur 28 Prozent der Befragten

an, Oralverkehr nicht als Sex zu bezeichnen. Bei dieser Studie waren es aber vor allem junge und alte Männer, die sich weniger damit anfreunden konnten, diesen als Koitus zu betrachten.

Beim »richtigen« Geschlechtsverkehr unter Einbezug von Penis und Vagina konnten sich indes 95 Prozent der Befragten darauf einigen, diesen als Sex zu bezeichnen. Die Quote fiel allerdings auf 89 Prozent, wenn es bei der Penetration nicht zur Ejakulation kam (diese Antwort empfanden selbst die Forscher als »verwirrend«). Damit aber der Verwirrung nicht genug: Diesmal bezeichneten wiederum knapp 20 Prozent der Interviewten Analverkehr nicht als Sex. Allerdings zeigte sich, dass es nicht unbedingt die jungen Studenten sind, die den Koitus etwas seltsam definieren – es sind vor allem die Alten. Unglaubliche 50 Prozent der über fünfundsechzigjährigen Männer waren beispielsweise nicht damit einverstanden, dass die rektale Penetration als Geschlechtsverkehr verstanden wird. Aber auch bei 33 Prozent der Frauen dieser Altersgruppe gilt – glaubt man den Ergebnissen der Studie – Analverkehr nicht als Sex. Ansonsten konnten bei dieser Untersuchung generell keine wesentlichen Unterschiede zwischen den Auffassungen von Männern und Frauen festgestellt werden.

Kulturelle bzw. länderspezifische Unterschiede stellte Brandon Hill indes bei einer kurze Zeit später durchgeführten Studie fest, die er gemeinsam mit Forschern der Londoner Queen Mary- sowie der East London University durchgeführt hatte. Für die in der Zeitschrift *AIDS Care* veröffentlichte Untersuchung verglichen die Wissenschaftler die Aussagen von 180 britischen und 190 US-amerikanischen Männern. Im Gegensatz zu den Teilnehmern der beiden vorherigen Studien waren bei dieser Untersuchung alle Probanden homosexuell. Die Aufgabe war indes dieselbe – sie sollten Sex konkreter definieren.

Das Resultat: Signifikant mehr britische als amerikanische Homosexuelle betrachten Oralverkehr als Sex (84,9 zu 71,6 Prozent). Vergleicht man die Ergebnisse mit der anderen Studie von Hill, fällt zudem auf, dass deutlich mehr schwule als heterosexuelle Männer die »mündliche Prüfung« als Beischlaf bezeichnen. Bei Analverkehr waren sich hingegen die britischen und US-amerikanischen Schwulen einig: Knapp 95 Prozent der Befragten subsumierten ihn unter Sex.

Abschließend kann man nur sagen: Billy Boys ungewolltes Aufklärungsprogramm war anscheinend ein großer Erfolg – zu diesem Schluss kommen auch Jason D. Hans und seine beiden Kolleginnen. Ihrer Ansicht nach hat die Definition des früheren US-Präsidenten bei der Jugend deutliche Spuren hinterlassen (sie sprechen vom sogenannten Clinton-Lewinsky-Effekt). Zu dieser Einschätzung kamen sie, weil sie die Ergebnisse ihrer Studie mit einer ähnlichen Untersuchung aus dem Jahr 1991 verglichen hatten. Damals waren im Schnitt ca. 40 Prozent der Befragten – also doppelt so viele! – der Auffassung, dass Oralverkehr gleichbedeutend sei mit Sex. Da die im Jahr 2007 befragten Studenten nach der Clinton-Lewinsky-Affäre erwachsen wurden, kamen aus Sicht der Forscher nur die eigenartigen Auffassungen des Präsidenten für diese Veränderungen infrage. Anders seien die starken Schwankungen in der Definition von Sex nicht zu erklären.

Die Meinung des früheren amerikanischen Präsidenten zum Analverkehr ist indes nicht überliefert. Trotzdem kann man sich die hypothetische, aber interessante Frage stellen, wie Bill(y) Boy Clinton, in seiner Funktion als inoffizieller Frauen-Beauftragter des Weißen Hauses und Oswalt Kolle der amerikanischen Nation, wohl die Penetration des Darmausgangs definiert hätte? Nicht als Sex, sondern als proktologische Vorsorgeuntersuchung!?

Die kleinen Wichser

Bill Clinton macht es sicher auch, normalsterbliche Männer tun es jedenfalls regelmäßig – sie greifen sich (auch mal in aller Öffentlichkeit) an den Schwanz! Die Frauen, die dieses Schauspiel beobachten, fragen sich: Schauen die Jungs, ob er noch da ist? Liegt er etwa falsch? Ist diese simple, kurze Berührung eine Vorform der Selbstbefriedigung? Oder ist der Griff in den Schritt eine Art angeborenes Ritual? Mit der letzten Unterstellung scheinen die Frauen gar nicht mal so falsch zu liegen. So kann man beobachten, dass Jungen sich schon von klein auf an die intensive praktische Erforschung ihres Geschlechtsteils machen. Das Erstaunliche ist, dass es im Verlauf solcher Körpererkundungen sowohl bei (Klein-)Kindern als auch bei Säuglingen bereits zu Erektionen, zur Selbstbefriedigung und sogar zum Orgasmus kommen kann.

So wurden schon in den ersten Lebensmonaten der Kinder körperliche Erregungszustände, wie zum Beispiel Erektionen bei Jungen, aber auch eine feuchte Scheide bei Mädchen, beobachtet. Besonders beim Stillen oder wenn die Blase voll ist, kommt es vor, dass der männliche Nachwuchs sein Lustgefühl mittels des erigierten Pippimatz freudig bekundet, wobei die jungen Sexualforscher es dabei nicht belassen. Vielfach wird aus dem wie zufällig wirkenden Herumspielen an den Genitalien (was immerhin ein Drittel der Eltern bei ihren Säuglingen beobachtet) ein gezielter Stimulationsversuch, sprich: Die Kleinen masturbieren – und das tun sie nach Erkenntnissen von Sexualforschern schon im zarten Alter von wenigen Monaten (früh übt sich!). Allerdings vermutet man, dass in der Berührung der eigenen Genitale mehr eine Art »Freude am Funktionieren« zum Ausdruck kommen könnte. Unbestreitbar aber ist, dass die Kinder diese Berührungen genießen.

Dementsprechend fleißig gehen sie teilweise zu Werke: Sowohl Jungen als auch Mädchen stimulieren sich beispielsweise durch aktives Streicheln oder Reiben des Schritts an Gegenständen jeglicher Art. Selbst Säuglinge kann man schon dabei beobachten, wie sie ihre Geschlechtsorgane mit Vorliebe am Boden oder an für sie greif- und fassbaren Gegenständen reiben. Zum Leidwesen mancher Eltern vollziehen die Kleinen diese verfängliche Art der Stimulation auch ungeniert in der Öffentlichkeit – was den Erziehungsberechtigten natürlich äußerst peinlich ist.

Damit aber nicht genug: Wie ein amerikanisches Forscherteam um den Neurologen Jonathan W. Mink von der University of Rochester (New York/USA) anhand von Videoaufnahmen beobachten konnte, existieren noch zahlreiche weitere Merkmale, an denen man masturbierende Kleinkinder erkennen kann. So konnten die Wissenschaftler bei der Untersuchung von zwölf kleinen Mädchen im Alter zwischen drei Monaten und drei Jahren feststellen, dass diese einen roten Kopf und einen starren Blick bekamen (soweit eigentlich kein Unterschied zu Erwachsenen). Zudem gaben die Säuglinge und Kinder aber auch grunzende Laute von sich und zeigten rhythmische Beckenbewegungen – und da wird es für die Eltern natürlich wieder etwas peinlich. Keine Mutter will ja eine kleine masturbierende Shakira haben, die Töne wie ein Ferkel ausstößt. Deshalb empfehlen die Forscher im Fachmagazin *Pediatrics* unter anderem, die Kinder gezielt abzulenken oder mit anderen Sachen zu beschäftigen – beispielsweise mit Spielzeug, mit dem sie dann, statt an sich selbst, herumspielen können.

Die Eltern geben also die Spielverderber. Doch die Kleinen lassen sich den Spaß am neu entdeckten Spiel nur ungern verderben. Was nicht weiter verwunderlich ist, wenn man bedenkt, dass diese Art der Stimulation auch bei den Dreikäsehochs zu einer Art Orgasmus führen kann. So geht man davon aus, dass ca. zehn Prozent der Kinder unter zehn Jahren während der Masturbation so etwas wie einen Höhepunkt erleben. Anderen Erhebungen zufolge hatten mehr als die Hälfte aller Jungen bis zu ihrem fünften Geburtstag bereits einen Orgasmus. Bei den zehn- bis dreizehnjährigen Jungen liegt die Orgasmusquote anscheinend bei sage und schreibe 80 Prozent (die junge Damenwelt scheint dagegen schon in diesem Alter unter Orgasmusschwierigkeiten zu leiden). Natürlich führen diese Höhepunkte nicht zur Ejakulation, da die jungen Männer noch nicht geschlechtsreif sind und somit keine Samenflüssigkeit produziert wird.

Noch weiter von der Geschlechtsreife entfernt sind die Buben als Föten. Doch auch hier gilt schon die Devise: Früh übt sich! Mittels Ultraschall konnte beispielsweise festgestellt werden, dass männliche Föten bereits in der Gebärmutter Erektionen haben. Dokumentiert wurde dies von den beiden britischen Psychoanalytikern Peter Fonagy und Mary Target in ihrer Publikation *Psychoanalyse und die Psychopathologie der Entwicklung.*

Bereits 1987 konnte der Gynäkologe Israel Meizner vom Soroka Medical Center in Beer-Sheba (Israel) mittels Ultraschallbildern einer Schwangeren darüber hinaus erstmalig dokumentieren, dass sich männliche Föten schon selbst befriedigen. Ertappt wurde der kleine Wichser in der 28. Woche, als er seinen winzigen Schniedelwutz in die Hand nahm und ihn mit »masturbationsartigen« Bewegungen »massierte« (der Kleine war damit wahrscheinlich der erste Mensch jüdischen Glaubens, der sich unbeschnitten einen runterholte). Dabei ging er für sein Alter schon relativ professionell zu Werke. Er zupfte und zog eben nicht unstrukturiert an seinem Pullermann, sondern legte in bester Erwachsenenmanier alle vier Finger um das gute Stück und begann mit den »Liebkosungen«. Das ganze Schauspiel erstreckte sich über einen unglaublichen Zeitraum von sage und schreibe 15 Minuten, in dem er immer wieder mit seinen Teil »spielte«. Publiziert wurde diese kuriose Entdeckung in einem Kurzessay des israelischen Forschers mit dem schönen Titel »Sonographic Observation of In Utero Fetal ›Masturbation‹« im *Journal of Ultrasound in Medicine.* Einer breiteren Öffentlichkeit bekannt gemacht wurde diese erstmalige Dokumentation eines sich scheinbar selbst befriedigenden Fötus durch einen Zeitschriftenartikel der Kolumnistin und Autorin Mary Roach *(The Curious Coupling of Science and Sex).* Das geschah allerdings erst 22 Jahre später.

Schenkt man dem Ergebnis dieser Untersuchung Glauben, legen bereits sehr junge Männer instinktiv Hand an sich, um ein Lustgefühl zu erzeugen. Das ändert sich auch im Erwachsenenalter nicht unbedingt. Allerdings läuft die Sache dann gezielter, bewusster und deutlich professioneller ab, jedoch (meist) nicht in der Öffentlichkeit. Der simple Griff in den Schritt vor aller Augen bleibt dessen ungeachtet bei Jungs jeden Alters gang und gäbe.

Früh übt sich

Richtig viel Spaß macht das Masturbieren aber erst, wenn es mit Einsetzen der Pubertät zu einem sichtbaren Ergebnis in Gestalt des Spermas führt. Die neu entdeckte Freude an der Sache wollen aber eventuell die älteren Geschwister oder auch etwas zu religiös eingestellte Eltern dem jungen Mann liebend gern wieder austreiben. Beispielsweise indem sie ihm einbläuen, dass Selbstbefriedigung blind mache, man davon Pickel bekomme, der Schwanz krumm werde oder man sein Kontingent »sinnlos« verpulvere (»Nach 1000 Schuss ist Schluss.«).

Auch wenn es darum geht, den Kontakt mit dem anderen Geschlecht etwas zu intensivieren und enger zu gestalten, drücken die Eltern natürlich auf die Bremse. Ein beliebtes Mittel sind regelmäßige unaufgeforderte Besuche im »Kinderzimmer«, wenn der oder die erste Lebensabschnittsgefährte/in des Kindes zu Besuch ist (»Wollt ihr noch was zu essen oder zu trinken?«). Das Übernachten der ersten Liebe in den Räumlichkeiten des Teenagers ist für die Erziehungsberechtigten natürlich nicht mal ansatzweise ein Thema. Aber auch bis in die Puppen mit der Freundin unterwegs sein, wird nur selten geduldet. Warum die Eltern diese stasiähnlichen Methoden anwenden? Natürlich weil viele

Väter und Mütter der festen Überzeugung sind, dass ihre Kleinen noch zu jung und unreif für sexuelle Aktivitäten sind, und im schlimmsten Fall die Gefahr einer Schwangerschaft bestehe. Abgesehen davon sind die Väter natürlich eifersüchtig auf jedes junge Pickelgesicht, das auf ihrer hübschen Tochter herumturnt.

Eine solche Taktik der verordneten Abstinenz ihres Nachwuchses ist jedoch kontraproduktiv – das ist jedenfalls die Überzeugung von Steve Slack, Direktor des Centre for HIV & Sexual Health in Sheffield (England). Er propagiert das genaue Gegenteil, frei nach dem Motto: Früh übt sich! Den Eltern fällt er damit natürlich gnadenlos in den Rücken, während es die Kleinen sicher freuen wird, besitzen sie doch damit endlich einen Blankoscheck für sämtliche Forschungsvorhaben im Bereich der Sexualität – der noch dazu von einem absoluten Experten ausgestellt wurde.

In seiner Präsentation, die über Grenzen hinweg für Aufsehen gesorgt hat, kommt Slack zu dem Schluss, dass vor allem die Ahnungslosigkeit in Sachen Sexualität zu den Teenager-Schwangerschaften führe. Sein Rezept dagegen lautet: Fleißig Erfahrungen sammeln! Seine Empfehlung: Jugendliche sollten täglich einen Orgasmus haben (eine Anweisung, der Pubertierende natürlich mit Freuden Folge leisten). Wie sie das bewerkstelligen – ob zusammen mit einem Partner oder alleine –, spielt nach Ansicht des Sexualexperten keine Rolle. Alleine das Ergebnis zählt. Um den ohnehin nicht geringen Anreiz zu erhöhen, weist Slack in seiner Präsentation darauf hin, dass Sex bzw. ein Orgasmus so gesund sei wie das tägliche Obst und Gemüse. Sein Motto lautet daher: »An orgasm a day keeps the doctor away.« Seiner Auffassung nach muss man bei frühzeitiger sexueller

Aktivität also weder zum Allgemeinarzt noch zur Entbindungsstation.

Dass ausgerechnet ein englischer Sexualwissenschaftler diese doch etwas skurrile Empfehlung ausspricht, ist sicher aus der Not geboren: England führt ja schon seit Jahren die Europa-Rangliste der Teenager-Schwangerschaften an. Diesen ungeliebten ersten Platz würde man gerne wieder abgeben. Dementsprechend groß sind die Bemühungen – doch mit manchen Vorschlägen schießt man vielleicht sicher über das Ziel hinaus!

Wie auch immer – die Teenager haben jedenfalls endlich eine mehr oder weniger stichhaltige Ausrede, wenn sie von ihren Eltern in flagranti erwischt werden. Mädchen könnten dann erwidern, dass sie schon als 13-Jährige mit ihrem Freund schlafen, weil sie Erfahrungen sammeln und damit einer Schwangerschaft vorbeugen wollen. Und Jungs könnten ihre Wichserei unter Zuhilfenahme von youporn.com mit dem hehren Ziel begründen, einfach gesund bleiben zu wollen. Diese Argumente müssen dann von den Eltern erst einmal entkräftet werden. Viel Spaß dabei!

Spaßige Krebsvorsorge

Gesund bleiben kann also scheinbar viel Spaß bereiten. Wie schön, denn normalerweise ist aktive Krankheitsprophylaxe nicht unbedingt vergnügungssteuerpflichtig. Viel Sport treiben, nicht rauchen, gesund essen, wenig trinken – all das kann einem die Freude hin und wieder schon gründlich vermiesen. Die Menschen würden es also begrüßen, wenn die Wissenschaftler endlich eine Methode fänden, wie man mit viel Verve gefäh-lichen Krankheiten vorbeugen kann.

Gesagt, getan! So haben beispielsweise australische Forscher ein Mittel ausfindig gemacht, das die Entstehung von Prostatakrebs verhindern und gleichzeitig enorm viel Freude bereiten kann. Das einfache und bereits oben für die Gesundheit der Kleinen empfohlene Rezept lautet – Masturbieren! Das rät jedenfalls eine Studie, die im Fachmagazin *British Journal of Urology International* erschienen ist.

Für die Untersuchung befragten der Mediziner Graham Giles vom Cancer Council Victoria in Melbourne und sein Team 1079 unter siebzigjährige Männer mit Prostatakrebs nach ihrem bisherigen Sexualleben (Sexualpartner vor und nach dem 30. Lebensjahr, max_male/durchschnittliche Ejakulationszahl pro Tag bzw. Woche etc.). Die Antworten wurden dann mit denen von 1259 gesunden Männern verglichen. Das Ergebnis wird die onanierfreudigen Männer fröhlich stimmen. Denn je häufiger die Männer im Alter zwischen 20 und 50 Jahren ejakulierten, desto seltener bekamen sie Prostatakrebs. Laut der Studie ist der Schutzeffekt für junge Männer zwischen 20 und 30 am größten. Wer in diesen Jahren besonders aktiv ist, das heißt fünfmal pro Woche ejakuliert, was fast an Leistungssport grenzt, der hat ein bis zu einem Drittel geringeres Risiko, an bösartigem Prostatakrebs zu erkranken (mancher wird jetzt vielleicht in sich gehen und seine Masturbationsgewohnheiten rekapitulieren).

Allerdings widersprechen diese Ergebnisse den Erkenntnissen einer Studie, die Forscher unter Leitung des Epidemiologen Polyxeni Dimitropou von der schottischen Nottingham University durchführten und die ebenfalls im *British*

Journal of Urology International erschienen ist. Befragt wurden 431 Männer mit und 409 Männer ohne Prostatakrebs nach ihrem Sexualleben seit ihren Zwanzigern (Koitushäufigkeit, Masturbationsgewohnheiten, Sexualpartner, Geschlechtskrankheiten etc.).

Das Resultat: Von den Männern, die in jungen Jahren (zwischen 20 und 30) viel Sex mit mehreren Partnerinnen hatten (mehr als 20 Mal im Monat), hatten 40 Prozent ein Karzinom an der Vorsteherdrüse, während bei den Gesunden nur 32 Prozent auf ein derart munteres Sexualleben zurückblicken konnten. Die Forscher um Dimitropou kamen überdies zu einem komplett anderen Ergebnis als Giles: Bei Männern, die in ihren Zwanzigern öfter Hand an sich gelegt hatten, wurde häufiger Prostatakrebs diagnostiziert als bei der gesunden Kontrollgruppe. Für die über Fünfzigjährigen hatte der griechischstämmige Engländer hingegen eine gute Neuigkeit parat: Laut seinen Berechnungen hat sowohl Masturbation als auch Geschlechtsverkehr in diesem Alter einen schützenden Effekt im Hinblick auf die Entstehung von Prostatakrebs. Das heißt, die etwas älteren Herrschaften sollten es im Bett noch mal ordentlich krachen lassen bzw. zur Not auch selber Hand anlegen – ihre Vorsteherdrüse wird es ihnen danken.

Andere Studien kommen wiederum zu dem Schluss, dass bei sexuell ausgesprochen aktiven Männern, die dazu häufig die Partnerin wechseln, das Risiko, an Prostatakrebs zu erkranken, steigt. Allerdings wurde bei diesen Studien sexuelle Aktivität immer mit Geschlechtsverkehr gleichgesetzt. Die Untersuchungen von Giles und von Dimitropou konzentrierten sich hingegen nur bzw. auch auf die Anzahl der Ejakulationen – egal, ob noch ein Intimpartner beteiligt war oder nicht. Im Gegensatz zu seinem britischen Kollegen kommt der australische Forscher allerdings zu dem Schluss, dass die Entstehung von Prostatakrebs eventuell durch Infektionen, die beim Geschlechtsverkehr auftreten, begünstigt werde.

Letztendlich stellt sich natürlich die Frage, ob man es als junger Kerl nun mit der Selbstbefriedigung ruhig mal übertreiben darf oder lieber nicht. Der Mediziner Anthony Smith, stellvertretender Direktor am Centre for Online Health an der University of Queensland in Brisbane (Australien), plädiert ganz im Sinne der Jugend und der Fünfzigjährigen für fleißiges und regelmäßiges Masturbieren (allerdings beruft er sich bei dieser Ermutigung nur auf die Studie von Giles). Egal wie – gut zureden muss man den Männern dabei sicher nicht. Denn niemals hat die mögliche Krebsprophylaxe so viel Spaß bereitet. Ob sie letztendlich wirkt, steht allerdings auf einem anderen Blatt.

Riskante »mündliche Prüfung«

Weniger Freude wird den Männern der Rat bereiten, dass die Damenwelt – ebenfalls aus Gründen der Krebsprophylaxe – besser auf den Blowjob verzichten sollte (das Gleiche gilt auch für Cunnilingus, wobei die Männer mit dem Verzicht darauf sicher leben könnten). Bisher fürchteten die Männer beim Blasen einzig dass Frau unvorsichtig mit ihrem Kauwerkzeug umgehen und ihr bestes Stück dadurch in Mitleidenschaft gezogen werden könnte. Mittlerweile hat man allerdings herausgefunden, dass ungeschützter Oralverkehr noch viel kapitalere Folgen haben kann – er erhöht nämlich auch das Risiko, an Mund- und Rachenkrebs zu erkranken. Belegt wurde dieser Befund durch eine Studie der International Agency for Research on Cancer (IARC).

Für die im *Journal of the National Cancer Institute* veröffentlichte Versuchsreihe verglich die in Lyon ansässige IARC 1630 an Mundkrebs erkrankte Patienten mit 1732 gesunden Freiwilligen aus der ganzen Welt. Das Ergebnis macht keinen Appetit auf den Gang in die »mürdliche Prüfung«: Laut IARC-Studie besteht bei diesen Sex-Praktiken für den aktiven Partner die große Gefahr, sich mit gefährlichen Varianten des humanen Papillomavirus (HPV) anzustecken. Einer dieser besonders gefährlichen Virenstämme ist der sogenannte HPV 16, der bei den Frauen unter anderem auch zu Gebärmutterhalskrebs führen kann. Bei den Mundkrebs-Patienten, die mit genau dieser Variante infiziert waren, ergaben die Untersuchungen der IARC, dass diese dreimal so häufig angegeben hatten, Oralverkehr zu praktizieren, als Testpersonen, deren Tumor HPV 16 nicht enthielt.

Zu ähnlichen Ergebnissen kamen auch amerikanische Forscher der Johns Hopkins University in Baltimore (Maryland). Sie befragten insgesamt einhundert Mundkrebspatienten unter anderem nach ihrem Sexualleben und ihren Trink- bzw. Rauchgewohnheiten. Zudem wurde untersucht, ob sie mit HPV 16 infiziert waren. Verglichen wurden die Ergebnisse mit einer Kontrollgruppe von 200 gesunden Menschen. Die Zahlen sollten promisk lebenden Menschen zu denken geben. So konnte festgestellt werden, dass Menschen, die mit mehr als 26 Personen geschlafen hatten, ein fast neunmal höheres Risiko hatten, einen durch HPV 16 ausgelösten Krebs im Oralbereich zu bekommen (bei 72 Prozent der Probanden konnte HPV 16 diagnostiziert werden).

Dabei müssen es gar nicht so viele verschiedene Sexualpartner gewesen sein: Laut den Zahlen, die im *New England Journal of Medicine* veröffentlicht wurden, reicht es anscheinend schon aus, mit sechs oder mehr Intimpartnern nur Oralverkehr gehabt zu haben (dann wäre wohl fast jede(r) Fünfundzwanzigjährige ein Hochrisikopatient). In der Studie gaben allerdings gerade mal 42 Prozent an, bereits mit mehr als sechs Partnern Oralsex praktiziert zu haben.

Zu nicht ganz so dramatischen, aber ähnlich bedenkenswerten Ergebnissen kam auch ein schwedisches Forscherteam um die Zahnmedizinerin Kerstin Rosenquist von der Malmö-Universität. Untersucht wurden insgesamt 132 Patienten mit Mundkrebs. 36 Prozent davon waren mit HPV infiziert. Bei einer Kontrollgruppe gesunder Menschen tauchte HPV nur in einem Prozent der Fälle auf. Veröffentlicht wurde die Studie in der schwedischen Fachzeitschrift mit dem schönen Namen *Acta oto-laryngologica*.

Die Wissenschaftler sehen in diesen Erkenntnissen den Beweis dafür, dass nicht nur jahrelanger Alkohol- und Zigarettenkonsum Mundkrebs auslösen kann. Dafür spricht auch, dass Mundkrebs mittlerweile verstärkt bei jungen Leuten vorkommt, die diese schädlichen Genussmittel noch nicht jahrzehntelang konsumieren konnten.

Dass immer mehr junge Menschen von dieser Krebsart betroffen sind, verwundert nicht weiter, wenn man sich die Ergebnisse einer Untersuchung der kanadischen University of Alberta genauer ansieht, die im Fachmagazin *The European Journal of Contraception and Reproductive Health* erschienen ist. Für diese Studie befragten die Sexualforscherin Brea Malacad und ihr Team insgesamt 181 Frauen im Alter von 18 bis 25 Jahren. Die Teilnehmerinnen sollten anonym Angaben über ihre Erfahrungen mit Geschlechtsverkehr und Oralsex machen. Unter anderem wollten die Forscherinnen erfahren, wie alt die Frauen beim ersten Mal gewesen waren, mit wie vielen Männern sie beide Praktiken erlebt und was sie beim letzten Intimakt gefühlt hatten. Das Ergebnis: Fast alle sexuell aktiven Frauen (knapp drei Viertel der Befragten) hatten neben konventionellem Beischlaf auch passiven (Cunnilingus) und aktiven (Fellatio) Oralverkehr praktiziert. Bei mehr als jeder vierten Frau (27 Prozent) war dies sogar schon vor Vollendung des 15. Lebensjahrs der Fall gewesen. Die Begeisterung der jungen Damen über die »mündliche Prüfung« beim Mann hielt sich teils jedoch in Grenzen. So ließen die Befragten wissen, dass sie sich dabei häufig gelangweilt oder gar geekelt hätten. Manche Mädels konnten der ganzen Sache aber auch etwas Positives abgewinnen. So gaben von den Teilnehmerinnen an der Studie über 31 Prozent an, es gebe ihnen ein Gefühl von Macht bzw. stärke ihr Selbstbewusstsein, wenn sie ihren Partner oral verwöhnten.

Ein weiterer Grund, warum vor allem in den USA immer mehr Teenager verstärkt Fellatio und Cunnilingus praktizieren, ist der Versuch, vor der Ehe enthaltsam zu bleiben, das heißt keinen Geschlechtsverkehr zu vollziehen. Um der Lust aber nicht völlig entsagen zu müssen und trotzdem ein reines Gewissen zu behalten, nehmen sie ihren Ex-Präsidenten Bill Clinton beim Wort und subsumieren Oralverkehr nicht unter Geschlechtsverkehr. Scheinbar vergessen aber viele junge US-Amerikaner, sich beim wie auch immer gearteten Liebesspiel um den Schutz zu kümmern. Nicht anders ist es zu erklären, dass sich die Hälfte aller Amerikaner bis zum 25. Lebensjahr eine Geschlechtskrankheit einfängt, wie ein von Advocates for Youth und dem Alan Guttmacher Institute herausgegebener Report vor Jahren aufgezeigt hat.

Da es – nicht nur bei den Amerikanern – um die Schutzmaßnahmen vor Mundkrebs sicher noch schlechter bestellt ist, sah sich auch die US-Seuchenbehörde CDC (Centers for Disease Control and Prevention) vor nicht allzu langer Zeit dazu genötigt, erneut vor dem Infektionsrisiko mit dem humanen Papillomavirus zu warnen. Nach Erkenntnissen des CDC haben vor allem bei jüngeren Menschen die Fälle von Warzen und Krebs durch HPV zugenommen. Was nicht weiter erstaunt, gaben doch bei der Befragung durch die Forscherinnen der University of Alberta 82 Prozent der Teilnehmerinnen an, sich beim Oralverkehr nie um einen geeigneten Schutz, Kondome, zu kümmern.

Besonders für die Frauen wäre aber der Verzicht auf passiven Oralverkehr, sprich: Cunnilingus, mehr als dramatisch. Warum? Schenkt man den Ergebnissen einer US-Studie Glauben, finden sage und schreibe 96 Prozent der befragten Frauen Oralsex geiler als einen normalen Koitus. Kein Wunder: 84 Prozent der Teilnehmerinnen gaben an, bei Cunnilingus immer zum Höhepunkt zu kommen (mit dieser Erfolgsquote kann selbst der beste Geschlechtsverkehr nicht aufwarten). Für die Untersuchung wurden insgesamt 1000 College-Studentinnen befragt.

Das Patentrezept kann deshalb nur lauten: Oralverkehr ja, aber auch nur mit Schutz! Doch daran anknüpfend stellt sich natürlich die berechtigte Frage: Wie schützt man sich eigentlich als Mann am besten vor HPV, wenn man bei der Dame in die aktive »mündliche Prüfung« geht? Kondom über die Zunge ziehen!? Den weiblichen Intimbereich vorher mit Vaginal-Sagrotan desinfizieren!? Oder danach einfach eine Corega-Tabs einwerfen und mit Odol nachspülen!? Probate Mittel scheinen das gerade nicht zu sein. Folglich wird so mancher in Zukunft zum Leidwesen der Damenwelt aus Risikogründen das Naschen im Schritt bleiben lassen. Aber wie gesagt: Männer können mit dem Verzicht ganz gut leben.

Fünfmal besser

Viele Singles wären hingegen wirklich froh, wenn sich ein Partner fände, der aus Zuneigung zu ihrer Person das Risiko in Kauf nehmen würde, an Mundkrebs zu erkranken (vom inständigen Wunsch nach richtigem Geschlechtsverkehr mal ganz abgesehen). Doch stattdessen müssen sich die einsamen Herzen wohl oder übel mit der Selbstbefriedigung sexuell »über Wasser halten« – ein wahrlich schlechter Ersatz, wie eine deutsch-schottische Studie nahelegt, die nachweisen konnte, dass Sex in der Tat deutlich besser ist als Onanie.

So lautet zumindest das Ergebnis, zu dem der Psychologe Stuart Brody von der University of Paisley (Schottland) und sein Kollege, der Arzt Tillmann Krüger von der Medizinischen Hochschule in Hannover kamen.

Für ihre in der Fachzeitschrift *Biological Psychology* erschienene Studie ließen die Forscher 38 Probanden (19 Frauen und 19 Männer) Erotikfilme anschauen, während die Kontrollgruppe nur Dokumentationen zu sehen bekam. Danach galt es für eine aus neun Männern und zehn Frauen bestehende Gruppe, Geschlechtsverkehr unter Laborbedingungen durchzuführen (scheinbar hatte ein Mann Glück und durfte zweimal ran) – wobei die Person, bei der Blutmessungen vorgenommen wurden, immer passiv auf dem Rücken zu liegen hatte. Die andere Gruppe musste bei der Betrachtung des an- und erregenden Filmmaterials selber Hand anlegen, um zu einem Orgasmus zu kommen.

Gemessen wurde bei den Teilnehmern, größtenteils Studierende der besagten Hochschule in Hannover, der Pegel des Hormons Prolaktin, welches sowohl bei Männern als auch bei Frauen nach dem Orgasmus ausgeschüttet wird. Diese Körpersubstanz löst bei Menschen ein wohliges Zufriedenheitsgefühl aus und hemmt gleichzeitig die Wirkung des Botenstoffs Dopamin, der wiederum während der sexuellen Erregung ausgeschüttet wird.

Das Ergebnis dieses Versuchs ist ein eindeutiges Plädoyer für den Geschlechtsverkehr, denn der Prolaktingehalt im Blut war nach dem Orgasmus durch Sex bei beiden Geschlechtern um 400 Prozent höher als nach einem Höhepunkt durch Selbstbefriedigung. Ergo: Der Koitus mit dem Partner ist schlicht und einfach fünfmal besser als Sex mit sich selber. Das Problem: Besonders Frauen kommen beim Geschlechtsverkehr gar nicht so leicht zu einem Orgasmus. Laut einer Umfrage gelangen 43 Prozent der Frauen schneller und besser zum Höhepunkt, wenn sie sich selbst befriedigen. Das heißt, manche Frauen werden die Erkenntnisse der Studie insofern einschränken, als sie darauf verweisen müssen, dass es von einem wichtigen Faktor abhängt, ob der Sex zu zweit (fünfmal) besser ist als der alleine – nämlich vom Partner! Ist ein solcher allerdings nicht existent, dann bleibt wohl oder übel nichts anderes übrig als selber Hand anzulegen. Immerhin können Singles sich damit trösten, dass ihr Krebsrisiko sich durch Handbetrieb signifikant verringert!

BEZIEHUNG

Beziehung und »Liebesspiel«

Müdes Liebesspiel

Würde man langjährige Singles, die frisch verliebt sind, danach fragen, was ihnen wichtiger ist: orgasmenreicher Geschlechtsverkehr oder gemeinsame erholsame Nachtruhe – man würde unter Garantie nur eine Antwort bekommen: natürlich der Koitus! Bei dieser Prioritätensetzung wird es aber nicht lange bleiben.

Würde man dieselbe Frage nämlich einem seit mehreren Jahren liierten Paar stellen, käme die genau entgegengesetzte Antwort: Gut nebeneinander zu schlafen ist wichtiger als gut miteinander. Zumindest sind 45 Prozent der Amerikaner dieser Meinung. Allerdings hat guter Sex auch in langjährigen Beziehungen noch große Bedeutung: So gaben 40 Prozent der Befragten an, mehr Wert auf den Koitus zu legen als auf geruhsamen Schlaf. Wie aber nicht anders zu erwarten, sind deutliche Unterschiede zwischen den Geschlechtern festzustellen: Für 53 Prozent der Frauen ist der Schlaf wichtiger (Männer: 38 Prozent), während für die Männer der Geschlechtsverkehr mit 48 Prozent einen höheren Stellenwert hat (nur 32 Prozent der Frauen stimmten dem zu). Herausgefunden wurde all dies bei einer Umfrage des amerikanischen Meinungsforschungsinstituts Ipsos. Insgesamt 737 US-Bürger wurden dafür anlässlich des Valentinstages telefonisch interviewt.

Die weiteren Ergebnisse: 87 Prozent der Befragten halten es bei einer Beziehung für unerlässlich, gut nebeneinander schlafen zu können. Für jeden sechsten Amerikaner ist die Nachtruhe aber, bedingt durch den Partner, nicht besonders erholsam. Der Hauptgrund: Bei 35 Prozent schnarcht der Nebenschläfer. Immerhin neun Prozent werden durch Zähneknirschen oder Sprechen im Schlaf des Bettnachbarn wach gehalten. Der seltenste, aber eigentlich schönste Grund, warum man nicht zur Ruhe kommt: Der Nebenschläfer weckt einen auf, um Sex zu haben (so feinfühlig können eigentlich nur Männer sein). Immerhin jeder Fünfzigste (zwei Prozent) gab an, aus diesem Grund aus dem Reich der Träume gerissen worden zu sein. Vielleicht ist es aber nur die Rache dafür, dass der andere entschlummert ist, bevor es richtig zur Sache ging – zumindest hat das laut der Umfrage schon fast ein Drittel der Amerikaner beim Partner erlebt. Bei mehr als jedem Zehnten beeinflussen die Schlafgewohnheiten des Mitschläfers sogar das Liebesleben negativ. So sind manche wegen der gestörten Nachtruhe oft einfach zu müde zum Vollzug des Beischlafs.

Letzteres ist laut einer Studie der amerikanischen National Sleep Foundation (NSF) immerhin bei 58 Prozent der Amerikaner der Fall. Für die Untersuchung wurden 1500 Erwachsene zu ihrem Schlafverhalten befragt. Das Resultat: Unglaubliche 75 Prozent der Teilnehmer klagten über Schlafprobleme. Und wer ist schuld daran? Natürlich der Partner! Das gaben 77 Prozent an. 47 Prozent nutzen die Schlaflosigkeit dafür äußerst produktiv – sie haben stattdessen Sex!

Ja, was denn nun? Hat man aufgrund von Schlaflosigkeit mehr Geschlechtsverkehr, weil man länger wach ist und die Zeit sinnvoll nutzen will? Oder unterlässt man jegliche Liebesspiele, weil man einfach zu müde ist? Antwort: Auf Dauer wird eher das Zweite zutreffen, worunter auch die Beziehung leiden wird. Sprich: Eine harmonische Partnerschaft mit heißem Sex ist ohne guten Schlaf nicht zu haben. Andernfalls wird nicht nur die Nacht, sondern auch die Beziehung zu einem einzigen Albtraum.

Trikottausch

Für jede Frau ist jedoch meist etwas anderes ein wahrer Albtraum: Sie betritt voller Vorfreude auf Intimitäten erstmalig das Schlafzimmer der Junggesellenbude ihres Auserwählten und wird mit dem Liebestöter schlechthin konfrontiert – der Bettwäsche seines favorisierten Fußballvereins. Aber es kann noch schlimmer kommen: Eventuell liegt schon ein Vereinstrikot in Damengröße bereit, das als Nachthemd fungieren soll. Ganz besonderen Wert auf die teamkonforme Bekleidung ihrer Bettgenossinnen legen offenbar die Männer von den britischen Inseln. Dies bestätigt eine Internet-Befragung der Modefirma und -beratung *mycelebrityfashion.co.uk* (»Was tragen die Stars, und wo kann ich es kaufen?«) unter 1900 Männern in Großbritannien.

Danach sprachen sich 34 Prozent dafür aus, dass ihre Ehefrauen bzw. Freundinnen im Bett das Trikot des Lieblingsfußball- oder Rugbyteams tragen sollten. Nur 23 Prozent plädierten für »sexy Wäsche« in den Schlafgemächern. Und nur magere 21 Prozent der britischen Männer bevorzugten des Nachts eine gänzlich textilfreie Partnerin. Immerhin noch 16 Prozent sahen ihre Wunschdamen am liebsten im Krankenschwesterkostüm. Mit einem schnöden Nachthemd konnten sich nur sechs Prozent der Befragten anfreunden.

Besonders vereinstreu und sportfanatisch zeigten sich in dieser Umfrage die Waliser: Beachtliche 51 Prozent wünschten sich ihre Lebensabschnittsgefährtin in einem Rugbyhemd. Die Schotten hingegen konnten sich mit dem Gedanken nicht ganz so anfreunden. Nur 17 Prozent von ihnen plädierten für das Fußballtrikot, 48 Prozent sähen ihre Partnerin indes am liebsten in Reizwäsche.

Die Ergebnisse der Umfrage sollten aber nicht nur den Frauen, sondern vor allem auch der Modefirma, die sie durchführte, arge Kopfschmerzen bereiten. Der Grund: *mycelebrityfashion.co.uk* führt überhaupt keine Fußball- oder Rugbymode – und hat das auch in Zukunft nicht vor! Entsprechend indigniert merkte eine Managerin der Firma denn auch an, dass Frauen ja immer schon etwas verwundert über die große Zuneigung der Männer zu ihrem Verein gewesen seien. Aber ihrer Meinung nach geht es dann doch ein bisschen zu weit, Frauen attraktiver zu finden, wenn sie im Bett das Trikot des Lieblingsvereins tragen.

Man kann die Dame sicher dahingehend beruhigen, dass wohl nicht einmal die eingefleischtesten britischen Fußballfans darauf pochen werden, dass ihre Angetraute das Team-Shirt die ganze Nacht trägt. Stattdessen werden sie zeitig für einen Trikottausch plädieren. Zu diesem wird es allerdings nur unter einer Voraussetzung kommen: Keine Bettwäsche vom Fußballverein!

Verstörendes Liebesspiel

Der Fetisch britischer Männer, ihre Herzensdamen im Bett am liebsten im Trikot des Heimatvereins zu sehen, löst bei allen Frauen sicher nur ungläubiges Kopfschütteln aus. Beinahe schon erschreckend und teilweise beängstigend ist für einige jedoch, wie viel Leidenschaft und Emotion, aber auch Fanatismus und Besessenheit die fußballbegeisterten Männer häufig zeigen. Sie flippen beispielsweise komplett aus, wenn ihr Team Meister wird oder aufsteigt. Sollte der favorisierte Verein hingegen absteigen, werden unzählige Tränen vergossen und Gefühle gezeigt, wie sie Frauen bei ihren Männern eigentlich noch nicht erlebt haben. Und skeptisch fragen sie sich: Würde mein Mann mir auch solche Tränen nachweinen, wenn ich ihn verlasse? Zeigt er die gleichen Freudenbekundungen bei unserer Hochzeit? Die ebenso ehrliche wie schmerzhafte Antwort müsste lauten: wahrscheinlich nein – zumindest was die britischen Männer betrifft! Warum das so ist? Weil sie den Fußball anscheinend doppelt so sehr lieben wie ihre Frauen. Diese für die Damenwelt erschütternde Aussage ist das Ergebnis einer Umfrage, die Pollsters TNS Global im Auftrag des Sponsors der Fußballweltmeisterschaft 2006, des Batterieherstellers Duracell, bei 2000 britischen Männern durchgeführt hat.

Danach bringen die Fußballfans auf der Insel ihrer Lieblingsmannschaft deutlich mehr Loyalität, Treue und Opferbereitschaft entgegen als ihren Ehefrauen bzw. Freundinnen. Beeindruckende 94 Prozent gaben an, ihr favorisiertes Team immer zu lieben – auch wenn es mal schlecht und erfolglos spiele (ein Fußballmatch hat also dann etwas von einem »Liebesspiel«). Wenn es in der Beziehung mit der Partnerin hingegen schlecht läuft, sind die Männer weniger geduldig und loyal. So würden 52 Prozent eine Beziehung beenden, die nicht funktioniert.

Nach Bekanntwerden der Studie wies der renommierte Psychologe Aric Sigman sogleich darauf hin, dass sich die Scheidungsrate sicher halbieren würde, hätten Männer zu ihren Frauen die gleiche Einstellung wie zum Fußball. Sigman zufolge vergeben Männer ihre Loyalität aber nur an etwas, woran sie wirklich glauben und dem sie blind vertrauen können – und das ist scheinbar einzig der Fußball (-Gott)!

Diese erschreckende Nachricht muss die verstörte Damenwelt erst einmal verdauen. Danach gilt es jedoch, das Beste aus diesen Erkenntnissen zu machen, weshalb die Konsequenz für die Frauen nur lauten kann: Sollte es aufgrund mangelnden emotionalen Zuspruchs vonseiten des Mannes in der Beziehung einmal kriseln, muss sich die Wunschdame nur das Trikot des Lieblingsvereins ihres Partners überstülpen – und schon liebt er sie, schenkt man der Umfrage Glauben, doppelt so sehr wie vorher. Die weitere Folge: Er wird bei der Betrachtung seiner derart gewandeten Liebsten höchstwahrscheinlich große Lust bekommen, ein weiteres Liebesspiel anzupfeifen. Da sage noch einer, Männer seien schwer zu handhaben, kaum durchschaubar und nicht pflegeleicht. Ganz im Gegenteil: Häufig sind sie einfach angenehm schlicht gestrickt!

Attraktives Trauerspiel

Schlicht eine Katastrophe ist es hingegen wenn der Heimatverein absteigt, was bei manchem Fan nach dem Abpfiff zu einer sofortigen Schockstarre führt. Um nicht zusammenzubrechen, suchen einige Halt an den Absperrgittern. Gestandene Mannsbilder sind der Verzweiflung nahe. Wut und Frust stehen ihnen im Gesicht geschrieben. Nicht wenige werden sogar von Weinkrämpfen geschüttelt. Das Ganze – ein einziges Trauerspiel!

In diesem schmerzhaftesten aller Momente zeigen Männer endlich das, was Frauen gelegentlich bei ihnen sehen wollen: große Gefühle – die im weiblichen Geschlecht augenblicklich sämtliche Bemutterungsinstinkte wecken. Die Folge: Unfreiwillig wirken die Männer in ihrem schwächsten Moment sehr anziehend auf die Damenwelt. Zu diesem Ergebnis kommt jedenfalls eine Umfrage der Online-Dating-Plattform *Match.com*.

Anlässlich der Fußballweltmeisterschaft 2006 hatte Match.com in Deutschland 661 weibliche und männliche Singles über ihr Verhältnis zum Fußball und zu Themen rund um die WM befragt. Dabei gaben immerhin 56 Prozent der Frauen an, dass sie feuchte Männeraugen beim Fußball sehr anziehend fänden. Hingegen räumten nur rund 13 Prozent der männlichen Befragten ein, beim Spiel hin und wieder eine Träne abzudrücken.

Dabei besitzt das männliche Geschlecht hervorragende körperliche Voraussetzungen, um – im wahrsten Sinn des Wortes – »Überflüssiges« aus dem Auge laufen zu lassen. Diesen Schluss lassen zumindest die Erkenntnisse der Deutschen Ophthalmologischen Gesellschaft (DOG) zu, die darauf hinweist, dass Testosteron die Tränendrüse anrege, Flüssigkeit abzusondern, um die Augen ausreichend feucht zu halten. Zudem schütze das männliche Sexualhormon davor, dass die Tränenflüssigkeit zu schnell verdunstet. Demzufolge ist kaum verwunderlich, dass besonders Menschen über 50, die einen niedrigeren Testosterongehalt im Blut aufweisen, vermehrt über trockene Augen klagen (da Frauen eine geringere Menge dieses Sexualhormons produzieren, sind hauptsächlich sie davon betroffen).

Die Schlussfolgerung, die man aus diesen Erkenntnissen ziehen kann: 1. Dem Tränenfluss im Fanblock nach zu urteilen, verfügt so mancher Fußballfan über einen relativ hohen Testosteronspiegel. 2. Genau dies ist anscheinend auch bei jungen Frauen der Fall, wie ließen sich deren häufige Tränenausbrüche sonst erklären? 3. Männliche Fußballfans sollten ein Date mit einer Frau öfter mal auf ein Abstiegsspiel ihrer Lieblingsmannschaft verlegen. Geht es verloren, können sie befreit losheulen und haben die große Chance, ihre Herzensdame mit ihren Tränen zu rühren und möglicherweise ins Bett zu kriegen (wenn schon der Verein absteigen muss, ist das zumindest ein Trostpflaster).

Viriles Heimspiel

Sollte sich die Lieblingsmannschaft dagegen vor dem Abstieg gerettet haben, dann sind Euphorie und Begeisterung verständlicherweise riesig. Und der durch Alkohol verstärkte Überschwang der Gefühle dürfte mit Sicherheit ebenfalls beischlaffördernd sein. Zumal wenn es ein Heimspiel war und der Weg zu den häuslichen Katakomben nicht weit ist.

Von einem Heimspiel profitiert aber auch der aktive Spieler – vor allem seine Libido, da die heimische Kulisse aufputschende Wirkung auf die eigenen Kicker hat, die aggressiver, emotionaler, kampfeslustiger und einsatzfreudiger agieren. Und welches Hormon löst bei den Männern solche Verhaltensweisen aus? Natürlich das gute, alte Testosteron. Dass bei der gastgebenden Mannschaft in der Tat mehr von diesem männlichen Sexualhormon ausgeschüttet wird, konnten Forscher der Northumbria University in Newcastle (England) nachweisen.

Der Evolutionspsychologe und Leiter der Studie Nick Neave nahm dafür zusammen mit seiner Kollegin Sandy Wolfson Speichelproben, um den Testosteronspiegel von Spielern einer Universitätsmannschaft zu bestimmen. Gemessen wurde immer vor Trainingseinheiten bzw. vor Heim- oder Auswärtsspielen. Präsentiert wurden die Studienergebnisse bei der jährlichen Konferenz der British Psychological Society. Und sie waren eindeutig: Der normale Testosterongehalt lag bei durchschnittlich 100 Picogramm pro Milliliter. Eine Stunde vor Beginn eines Heimspiels stieg er im Durchschnitt auf 150 Picogramm. Bei Auswärtsbegegnungen lag der Wert hingegen nur bei 120 Picogramm. Extrem hohe Werte von bis zu 167 Picogramm wurden vor Spielen gegen Erzrivalen gemessen.

Die testosteronsteigernde Wirkung solcher Begegnungen, beispielsweise Lokalderbys, konnten die beiden Wissenschaftler auch mit einer zweiten Studie an einem U19-Team belegen. Das Resultat: Stand ein Spiel gegen einen erbitterten Rivalen an, stieg der Testosteronspiegel deutlich stärker als vor weniger brisanten Partien.

Studienleiter Neave vergleicht dieses Phänomen mit dem Revierverhalten von Tieren. Auch für die Fußballer gilt es, ihr angestammtes Territorium gegen »Eindringlinge« zu verteidigen. Entsprechend energiegeladener, aktiver und dominanter treten sie auf. Vor allem bei den Torhütern konnten die Forscher einen außergewöhnlich hohen Testosteron-Anstieg messen. Die Erklärung: Für den Torwart geht es im besonderen Maße darum, »sein Territorium«, sprich: das Tor samt dazugehörigem Fünfmeterraum, gegen gegnerische Angriffe zu verteidigen. Womit auch endlich klar ist, warum Oliver Kahn und Jens Lehmann immer so ausgerastet sind – das viele Testosteron machte sie einfach außerordentlich aggressiv und unzurechnungsfähig.

Zwischenfazit: Nicht nur für den Fan bietet sich bei einem Heimspiel eine gute Gelegenheit für ein Schäferstündchen. Auch der Kicker bringt nach einem gewonnenen Heimspiel die idealen Voraussetzungen zur sexuellen Beglückung seiner Spielerbraut mit. Sollte er jedoch als Verlierer vom Platz gegangen sein, lässt ihn seine Herzensdame trotz erhöhter Libido möglicherweise nicht mehr ran. Der Grund ist einfach: Er ist eben ein Loser!

Diese nicht besonders erstaunliche Schlussfolgerung zieht die Biologin Julie Desjardins von der Stanford University aus ihren Experimenten – mit Buntbarschen! Zusammen mit zwei Kollegen hatte die Forscherin 15 Weibchen dieser Spezies so platziert, dass sie mitansehen konnten, wie ihre Favoriten in der Nachbarsektion des Aquariums von einem stärkeren Männchen aus dem Feld geschlagen wurden. Verlor der Auserkorene den Kampf um das Territorium, zeigte Madame Buntbarsch signifikant weniger Interesse an einem Techtelmechtel.

Nach Ansicht der Wissenschaftler können die Versuchsergebnisse auf den Menschen übertragen werden, da bei

Fischen weiblichen Geschlechts auch Veränderungen im Gefühlszentrum, der sogenannten Amygdala – ein Gehirnabschnitt, der beim Homo sapiens die gleiche Funktion hat – festgestellt werden konnten. Auch Frauen könnten also unbewusst abgeturnt werden, wenn ihr Kerl unterliegt – so die Aussage von Desjardin in der Fachzeitschrift *Proceedings of the National Academy of Sciences*.

Resümee: Diese Forschungsergebnisse sollten für Fußballer ein noch größerer Anreiz sein, ein Spiel zu gewinnen. Sollte dies indes nicht gelingen, dürfen die Damen nicht den weiblichen Buntbarsch geben und besonders den Torwart mit Liebesentzug bestrafen. Denn gerade der Goalkeeper scheint sich nach einem Heimspiel durch überbordende Virilität auszuzeichnen – ein Grund für die Damenwelt, den doch von Kindesbeinen an meist verschmähten Torhüter an die »Fleischtöpfe« zu lassen und ihm grundsätzlich mehr Beachtung zu schenken (der ist wahrscheinlich nicht nur ein Tier auf dem Spielfeld, sondern auch im Bett).

Abstinentes Vorbereitungsspiel

Wie aber sieht es vor dem Spiel mit Sex aus? Geschlechtsverkehr ja oder nein? Wenn Brasiliens früherer Stürmerstar Ronaldo sich an Bill Clintons Definition gehalten hätte, wäre seine Antwort eindeutig ausgefallen: Natürlich nein! Denn sein ganz persönliches Hausrezept lautete – Passivsex, also Fellatio (laut Billy Boy ist das ja kein Geschlechtsverkehr). Ist es aber nun sinnvoll für die Spieler, vor einer wichtigen Partie Abstinenz zu üben? Oder bringt es wenig, den Kickern einen imaginären Keuschheitsgürtel umzu-schnallen?

Der Sportmediziner und Clubarzt des belgischen Erstligis-ten Germinal Beerschot Antwerpen, Chris Goossens, würde definitiv zu Ersterem raten. Laut seinen Erkenntnissen be-einflusst das eigentliche Liebesspiel vor dem liebsten Spiel der Männer die Leistung der Kicker negativ. Für die Unter-suchung hatte er die körperliche Fitness von zwölf Spielern seines Teams gemessen. Zudem befragte er die Teammit-glieder, ob sie in der Nacht vor dem Fitnesstest Sex hatten oder nicht. Das Ergebnis: Bei Spielern, die Geschlechtsverkehr hatten, stieg unter anderem die Herzschlag-Frequenz deut-lich schneller als bei ihren abstinenten Teamkameraden.

Nach Ansicht des Vereinsarztes kann ein solches Leis-tungsdefizit im Moment maximaler Leistung darüber ent-scheiden, ob ein Tor fällt oder nicht. Diese Höchstleistung müssten die Spieler nach Aussage des Mediziners in 27 Pro-zent der Spielzeit abrufen. Die Schlussfolgerung kann also nur lauten: Das Liebesspiel verhindert Tore! Der Geschlechts-verkehr wirkt also scheinbar wie eine Art Tor-Verhütungs-mittel (wie der Zufall es so will, wurde die Untersuchung von einem Präservativ-Hersteller gesponsert).

Der Kondomhersteller braucht aber deswegen keine Trüb-sal zu blasen, denn andere Studien bestätigen die Ergeb-nisse von Goossens nicht. So konnte beispielsweise der kanadische Sportmediziner Ian Shrier von der McGill Uni-versity im kanadischen Montreal keine negativen körper-lichen Auswirkungen sexueller Aktivität vor dem Spiel fest-stellen. Vielmehr kam er nach der Analyse mehrerer kleiner Studien zu dem Schluss, dass der Koitus sogar einen aus-gesprochen positiven Effekt haben könne. Beispielsweise beruhigt er Sportler, die vor einem Wettkampf nervös und ängstlich sind. Veröffentlicht wurden seine Untersuchungsergebnisse im *Clinical Journal of Sports Medicine*.

Ebenfalls der Überzeugung, dass der Beischlaf die Leistung fördere, sind Forscher des Social Issue Research Centre im englischen Oxford. Peter Marsh und seine Kollegen befragten dazu 2000 Teilnehmer des Londoner Marathon unter anderem nach ihrem Intimleben. Die Wissenschaftler wollten unter anderem wissen, ob die Läufer am Abend vor dem Rennen Geschlechtsverkehr hatten. Von allen männlichen und weiblichen Probanden wurden zudem die Zeiten notiert, die sie für die Bewältigung der 42 Kilometer benötigten.

Das kuriose Ergebnis könnte die Vorbereitung auf einen Marathon revolutionieren, denn tatsächlich kamen die in der Nacht zuvor körperlich aktiven Läufer im Durchschnitt fünf Minuten eher ins Ziel als die Abstinenzler (es braucht eigentlich nicht extra erwähnt zu werden, dass natürlich deutlich mehr Männer als Frauen angaben, am Vortag den Beischlaf vollzogen zu haben). Anzumerken bleibt noch, dass die meisten der befragten Läufer dem Liebesspiel entsagt hatten, weil sie früh aufstehen mussten (hätten sie mal lieber fünf Minuten in das Schäferstündchen investiert – sie wären um genau diese Zeit schneller gewesen). Dafür kann es nach dem Marathon wieder ordentlich zur Sache gehen: So gaben immerhin 30 Prozent der Probanden an, dass ihre »Leistungsfähigkeit« im Bett durch das ständige Laufen zugenommen habe. Die Hälfte der Befragten konnte eine solche Leistungssteigerung hingegen nicht bestätigen, und acht Prozent gaben sogar an, die ständige Rennerei wirke sich negativ auf ihr Liebesleben aus.

Doch wie sieht es umgekehrt aus? Hat der Koitus einen negativen oder einen positiven Effekt auf die sportliche Leistungsfähigkeit? Glaubt man den besagten Wissenschaftlern, lautet die salomonische Antwort: jein! Ob eine Empfehlung ausgesprochen werden kann, hängt sicher von mehreren Faktoren ab, unter anderem von der Sportart. Beim Fußball oder Boxen ist beispielsweise die Aggressivität ein entscheidender Punkt. Theorien besagen, dass sexuelle Frustration, ausgelöst durch Enthaltsamkeit, zu einer gesteigerten Aggression führe (dann müssten Mönche allerdings das Zeug zum Boxweltmeister haben). Begründet wird dies mit dem nach der Ejakulation sinkenden Testosteronspiegel des Mannes. Demzufolge müsste die Empfehlung lauten: »No sex, please!«

Doch was für den Mann schlecht ist, muss nicht unbedingt auch für die Frau von Übel sein. Laut Erkenntnissen von Wissenschaftlern steigt beispielsweise bei Frauen nach dem Geschlechtsakt der Testosteronspiegel, der sie sexuell, aber auch sportlich leistungsfähiger macht. Ihre Devise müsste deshalb lauten: »Sex!? Yes, please!«

Allerdings entfaltet Sex seine körperlich positive Wirkung nur für einen kurzen Zeitraum danach. Sprich: Weitere Faktoren sind Zeitpunkt und Intensität des Liebesakts. All das kann entscheidend sein. Ebenso das Ergebnis des Beischlafs: (k)ein, zwei oder mehrere Orgasmen? Diese Fragen wurden von der Wissenschaft noch nicht hinreichend untersucht, sodass man guten Gewissens für keine Alternative plädieren kann. Jeder muss letztendlich selber herausfinden, was für ihn das Beste ist. Dies empfiehlt auch der bereits zitierte Endokrinologe Emmanuele Jannini von der italienischen Universität L'Aquila. Diese Chance besteht für professionelle Mannschaftssportler jedoch nur selten. Für sie trifft meist der Trainerstab die Entscheidung – und das bedeutet oft »Sicherheitsverwahrung« im Spielerhotel am Tag vor der Partie. Individualsportler können hingegen freier darüber bestimmen, wie sie ihre Wettkampfvorbereitung gestalten.

Vielleicht ist es für Teamsportler aber nicht immer das Schlechteste, den Anweisungen des Führungsstabes zu folgen, denn dieser weiß doch oft genau, was er tut. Ein gutes Beispiel dafür ist der ehemalige Manager der New York Yankees, Casey Stengel. Er wies klugerweise darauf hin, dass es nicht der Sex an sich sei, der die Jungs schwäche. Kaputt seien sie nur von der nächtlichen Suche danach!

Beziehung und (Un-)Treue

Untreue Wickelvolontäre

Ehemänner schwören sie sogar vor dem Traualtar: die ewige Treue zu ihrer zukünftigen Ehefrau – und halten sich dann oft nicht daran! Nach diversen Umfragen ist knapp die Hälfte der Männer in ihrem Leben schon einmal fremdgegangen. Die Frauen sind aber nicht viel besser: Fast 40 Prozent wagen danach im Laufe einer Beziehung ebenfalls einen Seitensprung. Während die Motive der Frauen meist viel differenzierter, komplexer und vielfältiger sind, liegen die Beweggründe der Männer offen auf der Hand: Entweder verleitet sie ihr promisker Sexualtrieb dazu, oder sie empfinden den

Geschlechtsverkehr mit ihrer momentanen Partnerin als unbefriedigend, fade bzw. nicht tabulos genug. Oder der Akt findet ihrer Ansicht nach schlicht zu selten statt. Nun könnte noch ein weiterer Grund hinzukommen sein: Die Angetraute hat bzw. verdient zu viel Geld – zumindest mehr als er!

Dass – im Verhältnis zu ihren vermögenden Frauen – arme Schlucker gerne mal auf anderen Hochzeiten tanzen, mussten auch reiche und berühmte Hollywood-Schauspielerinnen leidvoll erfahren: Halle Berrys Ex-Ehemann Eric Benét, ein mäßig erfolgreicher Sänger, ging genauso notorisch fremd wie der ehemalige Bodyguard Jesse James, der Ex von Sandra Bullock. Aber auch Zsa Zsa Garbor mit ihrem notorisch klammen und peinlichen Gespielen Frederik von Anhalt kann ein Lied davon singen. Die Praxis hat es also scheinbar bestätigt: Männer, die mit reichen Frauen liiert sind, gehen gerne mal fremd. Aber auch die Wissenschaft belegt diese Neigung.

So konnte die Soziologin Christin L. Munsch von der Cornell University in Ithaca (New York) nachweisen, dass Männer besonders häufig fremdgehen, wenn sie von ihrer Frau finanziell abhängig sind. Herausgefunden hat die Forscherin dies, als sie die Daten einer fortlaufenden Untersuchung *(National Longitudinal Survey of Youth)* verheirateter oder mindestens seit einem Jahr fest liierter Amerikaner im Alter von 18 bis 28 Jahren auswertete. Das Ergebnis: Männer, die finanziell komplett von ihren Partnerinnen abhängig sind, gehen fünfmal häufiger fremd als Männer mit dem gleichen Einkommen wie ihre Frauen. Frappierend: Selbst junge Väter, die sich zu Hause für eine begrenzte Zeit alleine um den Nachwuchs kümmern, neigen extrem zur Untreue. Kein Wunder: Als junger Vater mit einem süßen Hosenscheißer im Kinderwagen Frauen kennenzulernen, ist erwiesenermaßen kein großes Problem.

Verdienen die Männer hingegen deutlich mehr als ihre Frauen, passiert genau das Gleiche – sie gehen ebenfalls fremd! Während dieser Einkommensunterschied die Damen sehr wohl davon abhält, ihren Partner zu betrügen. So haben Frauen, die finanziell komplett von ihrem Partner abhängig sind, deutlich seltener eine außereheliche Affäre als Geschlechtsgenossinnen, die entweder das gleiche oder ein höheres Gehalt beziehen. Diese Ergebnisse stammen aus einer Studie mit dem Titel »The Effect of Relative Income Disparity on Infidelity for Men and Women«, die auf der Jahrestagung der American Sociological Association vorgestellt wurde.

Laut Christin L. Munsch sehen die Männer ihre klassische Rolle als Ernährer und Versorger von einer besser verdienenden »Hälfte« infrage gestellt. Damit sehen sie zugleich ihre Geschlechteridentität bedroht, was Gefühle der Unzulänglichkeit erzeugt, die sie durch Untreue zu kompensieren suchen. Verdienen sie hingegen deutlich mehr Geld als ihre Partnerin, ergäben sich nach Ansicht der Forscherin vermutlich einfach mehr Gelegenheiten – auf Geschäftsreisen, bei langen Büroaufenthalten etc.

Interessant ist natürlich die Frage, bei welchen Einkommensverhältnissen die Männer ihren Frauen treu sind. Auch darauf gibt die Soziologin eine Antwort: Das Verhältnis männlicher Einkommen zu weiblichen Verdiensten sollte im Idealfall 100 zu 75 betragen. Glaubt man diesen Erkenntnissen, müssten deutsche Männer relativ treu sein, verdienen Frauen in der Bundesrepublik doch im Schnitt 23 Prozent weniger.

Um die Gefahr eines untreuen Partners noch weiter zu verringern, empfiehlt sich für die Damen, auf keinen Fall eine Hollywood-Karriere anzustreben! Überdies wäre es nicht ratsam, nach der Geburt eines Kindes schnell wieder Vollzeit zu arbeiten und dem Vater für mehrere Monate die Erziehung des Nachwuchses zu überlassen. Er könnte die Zeit seines »Wickelvolontariats« (so der Duktus von Verkehrsminister Peter Ramsauer, CSU, über das Elterngeld für Väter) »sinnvoll« nutzen und mit einer jungen Mutter aus der Krabbelgruppe den Versuch unternehmen, ein weiteres Kind in die Welt zu setzen.

Dumme Fremdgänger

Dass es von großer Intelligenz zeugt, die Mutter seines neugeborenen Kindes zu betrügen, um mit einer ebenfalls vor Kurzem erst Niedergekommenen einen weiteren Sprössling in die Welt zu setzen, kann man sicher bezweifeln – was natürlich besonders die Frauen tun. Doch nicht nur das weibliche Geschlecht im Allgemeinen (egal, ob betrogen oder nicht) würde Männer als »dumm« bezeichnen, die ihre Partnerin hintergehen. Auch die Wissenschaft ist offenbar der Überzeugung, dass untreue Männer einen niedrigeren Intelligenzquotienten besitzen.

Diesen Schluss legt jedenfalls eine Studie des Psychologieprofessors Satoshi Kanazawa von der London School of Economics and Political Science nahe, die in der Fachzeitschrift *Social Psychology Quarterly* erschienen ist. Der nicht ganz unumstrittene Forscher hatte Daten von über 15 000 jungen Amerikanern im Alter zwischen 18 und 28 Jahren ausgewertet, die im Rahmen der sogenannten *National Longitudinal Study of Adolescent Health* in den Jahren 2001 und 2002 erhoben wurden. Zusätzlich analysierte Kanazawa die Ergebnisse einer Langzeituntersuchung von mehr als 1500 erwachsenen US-Bürgern, die von der University of Chicago jährlich durchgeführt wird *(General Social Surveys)*. Befragt wurden die Teilnehmer unter anderem nach ihrer politischen Einstellung, dem Grad ihrer Religiosität und dem Stellenwert, den Treue in einer Beziehung habe. (Interessant: Als »Betrug« definierten die Forscher bereits das Treffen einer Person des anderen Geschlechts ohne das Wissen des Partners.) Zudem wurde mit unterschiedlichen Methoden die Intelligenz der Befragten gemessen.

Heraus kam, dass die Männer, die beim Intelligenztest am besten abgeschnitten hatten, auch besonderen Wert auf die Treue in einer Partnerschaft legten. Bei den Teilnehmerinnen an der Umfrage konnte ein solcher Zusammenhang dagegen nicht ermittelt werden. Im Hinblick auf die Religiosität konnte Kanazawa jedoch verblüffende Korrelationen zwischen den Geschlechtern feststellen: Je religiöser die Befragten waren, desto schlechter schnitten sie bei den Intelligenztests ab (Gott weiß, warum!?). Atheisten wiesen mit einem durchschnittlichen IQ von knapp über 103 einen deutlich höheren Intelligenzgrad auf als Strenggläubige mit einem Wert von im Schnitt 97.

Aber auch bei den politischen Einstellungen traten erstaunliche Zusammenhänge zutage: So erreichten politisch Linke bzw. Linksliberale mit durchschnittlich über 106 Punkten den höchsten IQ-Wert. Wer sich in der Befragung hingegen als »sehr konservativ« charakterisierte, hatte einen

Intelligenzquotienten von nicht einmal 95 (da werden natürlich Gregor Gysi und Oskar Lafontaine frohlocken).

Fazit: Konservativen Politikern und Kirchgängern, die zudem noch fremdgehen, sollten die Ergebnisse zu denken geben. Würde nämlich das gemeine Wahlvolk den Ergebnissen des Psychologen Kanazawa Glauben schenken, hätten besonders manche Vertreter einer großen deutschen Volkspartei ein kleines (Image)Problem. Vor allem die weibliche Wählerschaft würde es wohl kaum goutieren, wenn ein »Mann des Volkes« beim Seitensprung ertappt würde und so blöd gewesen wäre, dabei auch noch Nachwuchs in die Welt zu setzen. Das würde in der Tat nicht von großer Intelligenz zeugen – von Zeugungskraft hingegen sicher.

Im Umkehrschluss muss das allerdings nicht unbedingt bedeuten, intelligente Männer wären durchweg monogam – wie auch die Wissenschaftlerin Daniela Schreier von der Chicago School of Professional Psychology kritisch zu der Studie anmerkt. Ihrer Ansicht nach sind die klugen Männer wahrscheinlich nur deshalb treuer, weil sie sich nicht erwischen lassen!

Blind vor Liebe

Besonders schlau müssen sich die untreuen Männer aber nicht einmal anstellen, damit ihre Frauen keinen Wind davon bekommen. Warum? Ganz einfach, offenbar aktivieren auch die Damen nicht alle Seh- und Hirnzellen, wenn es darum geht, ihren Mann auf frischer Tat zu ertappen. Salopp formuliert: Er mag zwar ein dummer Fremdgänger sein – sie scheint im Gegenzug aber auch den sprichwörtlichen

»Blindgänger« zu geben. So zugespitzt könnte jedenfalls die Quintessenz einer Untersuchung des Verhaltens- und Evolutionsforschers Paul W. Andrews von der Virginia Commonwealth University in Richmond (USA) lauten. In seiner Studie, die im Fachmagazin *Human Nature* veröffentlicht wurde, kommt er nämlich zu dem Ergebnis, dass Frauen deutlich seltener als Männer erkennen können, ob ihr Partner fremdgegangen sei oder nicht.

Zusammen mit namhaften Forscherkollegen anderer Universitäten hatte er Daten von anonymen Fragebögen ausgewertet, die mehr als zehn Jahre zuvor von 203 heterosexuellen Paaren ausgefüllt worden waren. Die über vierhundert Probanden hatten darin unter anderem vertrauliche Angaben dazu gemacht, ob sie während der Beziehung mit dem aktuellen Partner Geschlechtsverkehr mit jemand anderem gehabt hätten, und ob sie wüssten oder zumindest vermuten würden, dass ihr Partner hinter ihrem Rücken eine Affäre gehabt habe.

Immerhin 25 Männer und 20 Frauen gaben offen zu, dass sie über einen Seitensprung ihres Partners Bescheid wüssten. Interessant: Zwei Männer und eine Frau waren sich zwar nicht definitiv sicher, ob ihr Lebensgefährte sie betrogen habe, gingen aber mit 99-prozentiger Wahrscheinlichkeit davon aus. Dass sie selbst fremdgegangen seien, gaben knapp über 29 Prozent der Männer und 18,5 Prozent der Frauen zu. Dass ihr Partner sie hintergangen habe, nahmen hingegen 19,5 Prozent der Männer und etwas mehr als 15 Prozent der Frauen an.

Grundsätzlich lagen die Frauen bei ihren Einschätzungen aber öfter falsch: Zwar gingen immerhin 80 Prozent zutreffend davon aus, dass ihr Mann ihnen treu sei, die

Trefferquote bei den Männern war aber noch höher – sie erreichte 94 Prozent. Auch als es darum ging, einen faktischen Seitensprung korrekt zu erkennen, waren die Männer deutlich besser: Sie hatten 75 Prozent der in der Befragung zugegebenen Affären entdeckt, während die Frauen gerade mal hinter 41 Prozent der Seitensprünge kamen. Die Forscher mussten aber auch feststellen, dass die männlichen Teilnehmer deutlich misstrauischer waren, gleichzeitig aber fälschlicherweise öfter annahmen, dass ihre Partnerin fremdging.

Nach Ansicht von Studienleiter Andrews sind das größere Misstrauen und die besseren Fähigkeiten des männlichen Geschlechts bei der Entlarvung untreuer Partnerinnen evolutionär durchaus sinnvoll, können Männer sich doch nie ganz sicher sein, dass der Nachwuchs, den ihre Partnerin geboren hat, auch tatsächlich von ihnen stammt. Und das Schlimmste, was einem Mann bekanntlich passieren kann, ist nun mal ein Kuckuckskind untergeschoben zu bekommen (wie schon Aristoteles treffend feststellte: »Mütter lieben ihre Kinder mehr, als Väter es tun, weil sie sicher sein können, dass es ihre sind.«). Deshalb ist Mann stets extrem auf der Hut.

Genau das sollten aber auch die Frauen sein – denn sie wissen nun: Männer haben einen siebten Sinn bezüglich der Untreue ihrer Partnerin. Und diesen anscheinend erstaunlich gut funktionierenden Seitensprungdetektor sollten sie besser nicht auf die Probe stellen. Sie könnten beim Fremdgehen ertappt werden. Im Gegensatz zu den Frauen sind Männer in diesem Punkt nämlich offenbar eines nicht – blind vor Liebe!

Kurz und eifersüchtig

Dass so manche Frauen auch bei berühmten Hollywood-Schauspielern offenbar blind vor »Liebe« sind, könnte man vermuten, wenn man die Darsteller nicht nur auf der Leinwand oder dem Bildschirm, sondern erstmalig leibhaftig zu Gesicht bekommt. So fesch Tom Cruise, Al Pacino, Robert de Niro etc. auch sein mögen, im wahren Leben sind sie vor allem eines – eher kurz gewachsen. Ihre für Männer relativ geringe Körpergröße und die dadurch eigentlich verminderten Chancen bei der Damenwelt konnten sie jedoch durch Macht, Ruhm und Geld zu Genüge kompensieren, sodass sie auch immer äußerst attraktive Frauen in die Arme schließen durften – wie das zum Beispiel auch der nicht minder kleine Nicolas Sarkozy mit seiner hübschen Gattin Carla Bruni getan hat. Allerdings wird der französische Staatspräsident ebenfalls das an den Tag legen, was viele kleinwüchsige Männer generell bei ihren Frauen zeigen – nämlich extreme Eifersucht! Dass dem tatsächlich so ist, konnten Forscher der Universitäten Groningen und Valencia in einer Studie nachweisen, die im Fachblatt *Evolution and Human Behavior* publiziert wurde.

Der Sozialpsychologe Abraham P. Buunk befragte dafür zusammen mit Kollegen in zwei Versuchen 549 Probanden (219 Männer und 330 Frauen) aus Spanien und den Niederlanden. Die Forscher wollten dabei von den Teilnehmern wissen, wie eifersüchtig sie sich in ihrer aktuellen Beziehung einschätzten. Die vorgegebenen Antworten gingen von »nicht eifersüchtig« über »ein bisschen eifersüchtig« bis zu »krankhaft eifersüchtig«. Zudem sollten die Probanden angeben, welche Eigenschaften (Attraktivität, Körperbau, Status etc.) sie bei potenziellen Rival(inn)en als besonders gefährlich empfänden.

Das Ergebnis: Vor allem relativ kleine Männer gaben an, extrem eifersüchtig zu sein, sollte ihre Freundin oder Frau in ihrer Anwesenheit mit einem anderen Mann flirten. Besonders groß war die Eifersucht bei den Kleinwüchsigen, wenn die Rivalen sehr selbstbewusst auftraten oder körperlich gut gebaut bzw. äußerst attraktiv waren. Bei großen Männern konnte genau das Gegenteil festgestellt werden – sie waren bei den genannten Charakteristika des Opponenten für Eifersucht deutlich weniger empfänglich als ihre kleinen Artgenossen. Bei den Frauen zeigten hingegen diejenigen am wenigsten Eifersucht, die durchschnittlich groß waren – mit einer Ausnahme: Wenn diese mittelgroßen Frauen mit sozial oder körperlich dominanten Frauen konfrontiert wurden, die ihren Mann anmachten, wurden sie ebenfalls extrem eifersüchtig – wie der kleine Nicolas es sicher auch ist.

Kein Wunder also, dass er sehr an seinem Amt als französischer Staatspräsident hängt. Ist er nicht mehr oberster Mann der Fünften Republik, dann läuft ihm Carla höchstwahrscheinlich wieder davon – und das sicher mit einem größer gewachsenen Nebenbuhler! Denn bei Frauen gilt nicht nur im Speziellen, sondern auch im Allgemeinen: Auf die Größe kommt es an!

»Modell Hugh«

Auch Hugh Hefner, *Playboy*-Gründer und früherer Herbergs-
vater der »Playboy Mansion«, ist alles andere als groß gewachsen. Und dennoch konnte der mittlerweile über Acht-
zigjährige zeitweise einen Traum leben, den viele jüngere
und meist auch größere Männer sicher auch haben: mit
mehreren bildhübschen Blondinen unter einem Dach zu
wohnen, die einem »zu Diensten« sind. War die Fluktua-
tion der Mädels auch relativ hoch, deren IQ hingegen relativ
niedrig – dennoch hätten so einige Jungs liebend gern mit
dem alten Playboy getauscht! Vielen Männern seines Alters
jedoch wäre ein solcher Harem vielleicht mehr Last als Lust.
Das könnte allerdings genau die falsche Einstellung sein.
Möglicherweise halten junge Mädchen einen alten Knacker
jung, fit und aktiv. Zu dieser Schlussfolgerung könnte man
jedenfalls gelangen, wenn man einer Untersuchung der fin-
nischen Biologin Virpi Lummaa von der britischen University of Sheffield Glauben schenkt.

Für die Studie, deren Ergebnisse sie auf der Jahrestagung der
International Society for Behavioral Ecology in Ithaca (New
York) einer breiten Öffentlichkeit präsentierte, verglichen
Lummaa und ihr Kollege Andy Russell die Lebenserwartung
von Männern in 140 Ländern, in denen Polygamie legal ist, mit
der von Männern aus 49 Ländern, in denen man nur mit einer
Frau gleichzeitig verheiratet sein darf (wer hätte gedacht, dass
das Verhältnis von poly- zu monogamen Gesellschaften so
aussieht!). Die Unterscheidung der Länder traf sie basierend
auf Daten der Weltgesundheitsorganisation (WHO). Dazu be-
diente sie sich einer »Monogamie-Skala« mit Werten von eins
bis vier (1 = komplett monogam, 4 = überwiegend polygam).

Das Ergebnis ist spektakulär: Tatsächlich hatten die über sechzigjährigen Männer aus polygamen Gesellschaften eine im Schnitt um zwölf Prozent höhere Lebenserwartung als solche aus monogamen Gesellschaften. Wie aber kann dieses Phänomen begründet werden? Lummaa vermutet, dass Männer aus Ländern, in denen die Vielehe erlaubt ist, öfter noch im hohen Alter Väter werden. Die Folge: Um den Nachwuchs noch versorgen zu können, achteten sie möglicherweise mehr auf ihren Körper und ihre Gesundheit.

Der Anthropologe Chris Wilson von der Cornell University in Ithaca (New York) hält dagegen eher die polygam lebenden Männer für pflegebedürftig – und nicht den von ihnen gezeugten Nachwuchs. Er erklärt die höhere Lebenserwartung mit der besseren Betreuung der alternden Herren. Seiner Ansicht nach seien mehrere Partnerinnen einfach besser in der Lage, die Tattergreise bis ins hohe Alter durchzupäppeln.

Ob hingegen die Gespielinnen von Hugh Hefner bei ihm eine Art Praktikum in Altenpflege absolvieren mussten, ist nicht überliefert. Er hat eigentlich nie den Anschein erweckt, als bräuchte er Hilfe beim Toilettengang. Und seine ehemaligen Häschen machten auch nicht unbedingt den Eindruck, als hätten sie weiterhin in seiner Villa gehaust, wenn der Hausbesitzer Pflege benötigt hätte.

Egal wie, das mittlerweile obsolete »Modell Hugh« ist für den einzelnen Mann sicher nicht ohne Reiz. Denn welcher Mann, und sei er noch so alt und gebrechlich, hätte schon etwas einzuwenden gegen angenehme Gesellschaft in Gestalt schöner junger Damen?

Die Gene eines Playboys

Die Begeisterung der Damenwelt über das »(Auslauf-)Modell Hugh« hält sich hingegen in Grenzen (welch Überraschung!). Seine allerdings scheinbar auch, denn immerhin wollte er zuletzt den Versuch unternehmen, seinen promisken Lebensstil an den Nagel zu hängen und auf seine alten Tage noch einmal in den Hafen der Ehe einzulaufen – ist damit aber (leider) gescheitert. Auch wenn es dieses Mal nicht an ihm, sondern an dem Rückzug seiner jüngeren Gespielin lag, so kann man dennoch kritisch hinterfragen, ob denn der alte Playboy wirklich die Fähigkeit zu dauerhafter, monogamer Liebe besitzt. Man könnte eher vermuten, dass er vielleicht über eine bestimmte Genvariante verfügt, die es dem Mann scheinbar erschwert, sein Glück in langlebigen Beziehungen zu finden.

Um was für ein Gen es sich handelt und welche Auswirkungen verschiedene Ausprägungen dieses Gens auf die Beziehungsfähigkeit der Menschen haben, konnte ein schwedisch-amerikanisches Forscherteam herausfinden. Dafür werteten die Wissenschaftler Hasse Walum und Paul Lichtenstein vom Karolinska Institut in Stockholm zusammen mit Kollegen aus den USA die Daten einer schwedischen Zwillingsstudie aus, für die 552 Zwillingspaare und deren Ehegatten nach ihrer Beziehung, ihrer Persönlichkeit und ihrer mentalen Gesundheit befragt wurden. Insgesamt nahmen 2186 Personen, die seit mindestens fünf Jahren in festen Händen waren, an der Untersuchung teil. Von 1899 der Befragten konnten zudem brauchbare DNA-Proben entnommen werden. Diese wurden von den Forschern auf das Vorhandensein einer Variante des sogenannten AVPRA1-

Gens untersucht. Dabei handelt es sich um ein Gen, dem Auswirkungen auf das Bindungsverhalten nachgesagt wird.

Die Forscher konnten in der Studie, die im Fachjournal *Proceedings of the National Academy of Sciences* erschienen ist, tatsächlich nachweisen, dass eine bestimmte Variante des Gens, das sogenannte 334-Allel, einen negativen Einfluss auf die Bindungs- und Beziehungsfähigkeit hat – und das fast ausschließlich bei Männern! Beispielsweise führten Studienteilnehmer, die diese Ausprägung aufwiesen – und das waren immerhin 40 Prozent –, seltener glückliche Beziehungen als Männer, bei denen das 334-Allel auf dem Gen nicht vorhanden war. So gaben 34 Prozent der männlichen Probanden, die sogar über zwei Allele verfügten, an, dass sie im letzten Jahr eine Beziehungs- bzw. Ehekrise durchgemacht hätten. Dies war nur bei 15 Prozent der Befragten der Fall, die keine solche Genvariante aufwiesen. Männer mit zwei 334-Allelen waren zudem häufiger unverheiratet oder geschieden. Auch die Aussagen der Partnerinnen weisen auf einen Zusammenhang zwischen der Genvariante und der Bindungsfähigkeit hin: Sie waren nämlich vor allem unzufrieden mit der Beziehung zu ihrem Gatten, wenn dieser die doppelte Ausführung der Genvariante besaß.

Über diese dürfte eventuell auch der alte Hugh verfügen – sein bisheriger promisker, polygamer Lebensstil lässt keinen anderen Schluss zu. Ihm dürfte es jedoch völlig egal sein, wie seine DNA aufgebaut ist. Hauptsache die seiner Gespielinnen ist noch »jung und knackig«.

Die Schöne und das »Biest«

Die auch noch relativ jungen und knackigen (Ex-)Top-Models Heidi Klum, Eva Padberg, Claudia Schiffer und Franziska Knuppe sowie die Schauspielerin und Ärztin Maria Furtwängler – um einige der laut *Bunte* attraktivsten Frauen Deutschlands zu nennen – haben eines gemeinsam: Sie sind äußerst hübsch und haben einen Partner, über den sich das jetzt nicht unbedingt sagen lässt. Heidi Klum beispielsweise gibt mit dem Schnulzenbarden Seal schon seit Jahren eine Neuauflage von »Die Schöne und das Biest«. Eva Padberg ist seit ihrem 14. Lebensjahr mit ihrem heutigen Ehemann Niklas Worgt zusammen, der ihr in Sachen Attraktivität ebenfalls nicht das Wasser reichen kann.

Nicht anders sieht es bei Matthew Vaughn, dem Ehemann von Claudia Schiffer, aus. Und Franziska Knuppe legte bei der Wahl ihres Ehemanns, mit dem sie schon über zehn Jahre verheiratet ist, scheinbar ebenfalls nicht so viel Wert auf Äußerlichkeiten. Eine plausible Erklärung für die Wahl von Maria Furtwängler zu finden, dürfte hingegen angesichts der Position ihres Ehemanns Hubert Burda nicht allzu schwerfallen. Das Aussehen alleine kann jedenfalls nicht ausschlaggebend gewesen sein.

Eine weitere Gemeinsamkeit verbindet diese Paare: Sie alle führen seit mehreren Jahren eine scheinbar harmonische und intakte Beziehung. Welche Schlussfolgerung könnte man daraus ziehen? Dass es einem relativ harmonischen Zusammenleben nicht unbedingt abträglich ist, wenn die Frau deutlich attraktiver ist als ihr Partner. Zu diesem Ergebnis kommen auch amerikanische Sozialpsychologen in einer Studie, die im *Journal of Family Psychology* erschienen ist.

James K. McNulty von der University of Tennessee ließ zusammen mit zwei Forscherkollegen 82 nicht länger als sechs Monate verheiratete Paare, die allerdings schon vor der Hochzeit im Durchschnitt knapp vier Jahre zusammen waren, zehn Minuten vor einer Videokamera über persönliche Probleme diskutieren. Anschließend wurde der Film im Hinblick auf das Verhalten und den Umgangston der Paare analysiert. Zudem wurde die optische Attraktivität der einzelnen Teilnehmer auf einer Skala von 1 bis 10 bewertet.

Das Resultat: Harmonisch ging es bei den Diskussionen vor allem dann zu, wenn die Frau hübscher war als ihr Ehegatte. Bei umgekehrter Rollenverteilung war es hingegen schneller vorbei mit der Harmonie – der Umgangston war dann merklich rauer. Generell zeigten sich die schöneren Männer gegenüber ihren Ehefrauen deutlich unkooperativer. Kein Wunder, hatten die Schönlinge doch in vorher auszufüllenden Fragebögen häufiger angegeben, mit ihrer Beziehung unzufrieden zu sein. Ganz anders die weniger attraktiven Männer: Sie sagten ihren Frauen in den aufgezeichneten Gesprächen immer wieder Unterstützung zu und behielten stets einen freundlichen Umgangston bei.

Studienleiter McNulty begründet das Verhalten der Beaus mit ihrem Missmut. Sie seien einfach der festen Überzeugung, dass sie noch etwas Besseres verdient hätten. Und das lassen sie ihre Partnerin spüren. Unattraktive Männer gäben sich hingegen mehr Mühe, weil sie wüssten, dass sie mehr bekommen haben, als ihnen eigentlich zustehe.

Genau dies könnte auch das Erfolgsrezept der oben genannten prominenten Verbindungen sein. Die Männer investieren einfach deutlich mehr in die Beziehung, weil sie sich bewusst sind, einen einmaligen Lotto-Jackpot geknackt zu haben. Im Idealfall hat den Frau aber auch geknackt – nicht in Bezug auf das Äußere, sondern auf das Finanzielle (Beispiel: Hubert Burda). Schöne Frauen legen ohnehin weniger Wert auf die Attraktivität des Mannes – darauf weist auch der amerikanische Sozialpsychologe in seiner Studie noch einmal hin. Gute Gene bringen sie ja schon selber mit. Er dagegen muss erst nachweisen, welche (finanziellen) Ressourcen er zu investieren imstande ist. Hat er den Beweis erfolgreich angetreten, sollte einer harmonischen Beziehung und der Neuauflage von »Die Schöne und das Biest« nichts mehr im Wege stehen.

KÖRPER

»Körpersprache«

Die Stimme eines Luders

Maybrit Illner und Verona Pooth könnte man sicher auch als »Schöne« bezeichnen – von ihren Stimmen lässt sich das jedoch kaum behaupten. Zum Telefonsex würde deren »eiernder« Singsang wohl wenig taugen. Überraschenderweise taugt ein solch delikates Gespräch jedoch offenbar dazu, Männer am anderen Ende der Strippe mit indiskreten Informationen über die Gesprächspartnerin zu versorgen. Hausfrauen, die ihre Kasse mittels dieser frivolen Telefondienstleistung aufbessern wollen, aber auch Damen, die in Callcentern arbeiten, sollten also achtgeben. Männer können an ihrer Stimme mehr erkennen, als ihnen möglicherweise lieb ist. So dürften die telefonierfreudigen Damen kaum erpicht darauf sein, dass ihr Gesprächspartner aus ihrer Stimme Rückschlüsse auf ihr Sexualleben zieht. Klingt hanebüchen? Ist aber so – zumindest, wenn man den Erkenntnissen eines Forscherteams der amerikanischen State University of New York at Albany glauben darf. Danach können Männer beispielsweise anhand der weiblichen Stimme feststellen, wie promisk die Dame am anderen Ende der Leitung veranlagt ist.

Zu diesem Resultat kam Studienleiter Gordon G. Gallup zusammen mit zwei weiteren Psychologen in Untersuchungen, die im Fachmagazin *Evolution and Human Behavior* publiziert wurden. Bei dem Experiment ließen die Wissenschaftler 146 Studenten (76 Frauen, 70 Männer) von 1 bis 10 zählen und nahmen das mittels Computer auf. Dieselben Probanden mussten dann die Stimmen anderer Studienteilnehmer auf einer Skala von 1 (sehr unattraktiv) bis 5 bewerten (sehr attraktiv). Zudem wurden bei den Studienteilnehmern das Schulter-Hüften- und das Taille-Hüften-Verhältnis sowie der Body Mass Index (BMI) gemessen. Etwas mehr als die Hälfte beantwortete überdies Fragen nach dem ersten Geschlechtsverkehr; danach, wie viele Sexualpartner sie bisher hatten und ob sie schon einmal fremdgegangen seien.

Die Ergebnisse waren verblüffend: Generell wurden die Stimmen derjenigen als attraktiver eingeschätzt, die ein größeres Schulter-Hüften-Verhältnis (Männer) oder einen geringeren Wert beim Taille-Hüften-Verhältnis (Frauen) aufwiesen. Die Betreffenden hatten ihren ersten Sex auch früher und zudem deutlich mehr Intimpartner – was wahrscheinlich auf die Tatsache zurückzuführen war, dass sie öfters fremdgingen. Die Probanden mit sexy Stimme hatten aber nicht nur ihre Lebenspartner häufiger betrogen als diejenigen, deren Sprachorgan weniger attraktiv bewertet wurde. Sie ließen sich auch häufiger auf eine Affäre mit Personen ein, die eigentlich in festen Händen waren.

Überdies interessant: Das jeweils andere Geschlecht konnte anhand der Attraktivität der Stimme unbewusst das Sexualleben besser vorhersagen. Sprich: Je anziehender beispielsweise ein Mann die Stimme einer Frau fand, desto sexuell aktiver war die Betreffende tatsächlich. Ihre Artikulation war letztendlich sogar ein besserer Indikator für die promiske Veranlagung als etwa das Verhältnis von Taillenweite und Hüftumfang (je geringer dieser Wert, desto fruchtbarer sind Frauen normalerweise). Umgekehrt sagte bei den Männern die Schulter-Hüften-Relation mehr über das Ausmaß ihrer sexuellen Aktivitäten aus als ihre Stimme.

Die männlichen Telefonisten in den Callcentern können also beruhigt sein: Nur anhand der Stimme werden die Damen am anderen Ende der Strippe kaum erkennen können, mit wie vielen Partnerinnen ihr Gegenüber es schon getrieben hat. Die weiblichen Telefonverkäuferinnen und -beraterinnen sollten jedoch vorsichtig sein und sich nicht wundern, wenn die männlichen Gesprächspartner sie beispielsweise mit »Auf Wiederhören, Sie kleines Luder« verabschieden – oder gleich um ein Blind Date bitten!

Ein solch frivoles Angebot würden wohl besagte Maybritt Illner oder Verona Feldbusch (Pooth) alleine aufgrund ihrer Stimme wohl kaum bekommen (die Karriere im Callcenter war ihnen also von Anfang an verwehrt). Das sollte ihre Männer, Telekom-Chef René Obermann und Franjo Pooth, hingegen freudig »stimmen« – denn ihre Herzensdamen sind demzufolge scheinbar relativ monogam veranlagt (die Verona ist also treuer, »als wie man denkt!«).

Heidis sexy Quietschorgan

Mehr, »als wie man denkt«, bevorzugen Männer hingegen hohe Frauenstimmen. Eigentlich kaum vorstellbar: Mann würde von einem Quietschorgan wie dem von Heidi Klum dauerbeschallt – und fände das auch noch sexy. Eigentlich sollte man das genaue Gegenteil annehmen – nämlich dass piepsige Frauenstimmen Männern auf Dauer auf die Nerven gehen. Dem ist aber gerade nicht so: Die Jungs finden höhere Tonlagen bei Frauen tatsächlich attraktiver. Wie kann das sein? Offenbar suggeriert ein soprangleiches Sprachorgan Mann vor allem eines, was für ihn evolutionär von größtem Interesse ist und entsprechend honoriert wird – nämlich Fruchtbarkeit (die Heidi Klum mit ihren vier Kindern ja eindrucksvoll unter Beweis gestellt hat). Wenn diese am größten ist, also im Zeitraum um den Eisprung, ist anscheinend auch die Stimme der Frau messbar höher als an den weniger fruchtbaren Tagen. Das jedenfalls stellten zwei Forscher der University of California in Los Angeles fest, die ihre Studienergebnisse im Fachjournal *Biology Letters of the Royal Society* veröffentlichten

Die beiden Psychologen Martie G. Haselton und Gregory A. Bryant hatten für die Untersuchung den Eisprung der Probandinnen im Alter von 18 bis 39 Jahren mittels eines Hormontests ermittelt. Sowohl an Tagen hoher als auch in Zeiten niedriger Fruchtbarkeit wurde ihre Stimme aufgenommen. Die Teilnehmerinnen mussten dabei den Satz sprechen: »Hi, I'm a student at UCLA.« Die Aussprache unter anderem der Vokale »E«, »O« und »A« (den letzten sollten sie wie beim Zahnarzt mindestens fünf Sekunden anklingen lassen) wurde von den Forschern ebenfalls aufgenommen.

Das Ergebnis: Die Frauen wiesen während ihrer fruchtbaren Tage, und da besonders an den letzten beiden Tagen vor dem Eisprung, eine signifikant höhere Tonlage auf als beispielsweise nach ihrer Menstruation (206 Hertz bei geringer, 211 Hertz bei hoher Fruchtbarkeit). Ein solcher Unterschied ist zwar minimal, aber ausreichend, um von Männern unbewusst wahrgenommen zu werden. Dies war allerdings nur bei dem gesprochenen Satz, nicht aber bei den einzelnen Vokalen der Fall. Mann will sich also kaum vorstellen, was mit Heidi Klums Stimme passiert, wenn sie kurz vor der Ovulation steht. Vielleicht verhält es sich dann bei ihr wie bei den Fledermäusen: Kurz vor dem Eisprung dringt ihre Stimme in Frequenzbereiche vor, die vom menschlichen Ohr nicht mehr wahrgenommen werden können!? Schenkt man den Erkenntnissen der beiden amerikanischen Psychologen Glauben, fände Mann das Verstummen der hübschen Heidi aber vor allem eines – äußerst bedauerlich (wer hätte das je gedacht!).

Bevorzugter »Sopran«

Das Bedauern der Damenwelt über Heidis fehlende »Geräuschkulisse« hält sich hingegen in Grenzen. Auch wenn dieser Weltstar unerreichbar scheint und definitiv in einer anderen Liga spielt – dennoch sind Stutenbissigkeit und Zickenalarm bei den Mädels nicht ausgeschlossen, sollten sich ihre Männer zu positiv über das Aussehen oder auch die tolle Stimme von Heidi Klum äußern. Aber warum sollten Frauen, die in »Alt« trällern, generell ein Problem mit Heidi oder anderen Mädels haben, die in »Sopran« zwitschern?

Ganz einfach, Frauen mit tieferem Timbre sehen in Geschlechtsgenossinnen, die in »höchsten Tönen« sprechen, unbewusst potenzielle Rivalinnen bzw. Nebenbuhlerinnen, die mit ihrer Piepsstimme ihren Mann betören könnten. Denn instinktiv wissen sie, dass Mann auf die hohe Tonlage steht und im schlimmsten Fall zu einem kleinen Abenteuer verleitet wird. Frauen sind deshalb für Fiepsstimmen sensibilisiert, das heißt, sie können die potenzielle Bedrohung schnell identifizieren.

Zu diesen verblüffenden Erkenntnissen kamen amerikanische Forscher der Pennsylvania State University in einer Studie, die in der Fachzeitschrift *Personality and Individual Differences* veröffentlicht wurde. Für die Untersuchung spielte der Anthropologe und Studienleiter David A. Puts 109 Studenten (63 Männer, 46 Frauen) im Alter von 18 bis 29 Jahren Tonbandaufnahmen von Frauen vor, die vier verschiedene Sätze gesprochen hatten. Mit einer speziellen Software hatten die Forscher allerdings zuvor die Stimmhöhen manipuliert. Diese wurden schrittweise entweder weiblicher, sprich: höher, oder männlicher, das heißt tiefer gemacht. Letztendlich bekamen die Probanden 72 verschiedene Versionen zu hören. Die Männer sollten die Stimmen danach bewerten, ob die Sprecherin für einen One-Night-Stand oder eine langfristige Beziehung infage käme. Die Probandinnen sollten hingegen einschätzen, wie attraktiv die jeweilige Frauenstimme möglicherweise auf heterosexuelle Männer wirke und ob sie Flirtbereitschaft suggeriere.

Und in der Tat: Die Männer bevorzugten die höheren Frauenstimmen – besonders wenn es um eine kurze, aber heiße Affäre ging. Aber auch für eine ernste Beziehung kamen die Damen mit Heidi-gleicher Fistel-Intonation eher infrage als jene mit tieferem Timbre. Dass die Mädels ihre Pappenheimer kennen, konnte ebenfalls nachgewiesen werden. So vermochten sie exakt einzuschätzen, welche der Stimmen die Männer attraktiver fanden – natürlich die hohen! Die Begründung lieferten die Forscher in ihrer Studie gleich mit: Hohe Stimmen suggerierten ihnen schlicht Jugendlichkeit und Fruchtbarkeit.

Und da sind wir wieder beim alten Lied, warum die Heidi bei den meisten Männern so gut ankommt: Sie suggeriert den Jungs mit ihrem hohen Tonfall eben unbewusst ein hohes Reproduktionsvermögen – das sie ja schon zu Genüge unter Beweis gestellt hat. Zum Glück für die Frauen! Als Konkurrentin scheidet sie damit schon mal aus. Stutenbissigkeit und Zickenalarm sollten damit also kein Thema mehr sein.

»Hallus« ohne Heidi

Ein großes Thema für Frauen ist hingegen das Unvermögen vieler Männer, den Ausführungen ihrer besseren Hälfte aufmerksam zu folgen. Vielleicht geht das Heidi ebenso: In seinen Liedern mag ihr Ehemann Seal vielleicht von großen Gefühlen trällern, zu Hause schaltet er aber womöglich auf Durchzug, wenn seine Angetraute ihm ein Ständchen singt. Damit steht er allerdings nicht alleine da: Nichts anderes tun auch alle anderen Männer auf der Welt, sobald ihre Frau zum monologartigen Vortrag ansetzt.

Dafür kann man die Männer aber eventuell gar nicht verantwortlich machen. Sie würden vielleicht gerne akustisch wahrnehmen und verarbeiten, was ihre Herzensdame zum

Besten gibt (zugegeben, das ist jetzt ein bisschen schön gezeichnet und idealisiert), aber ihr Gehirn ist damit schlicht überfordert. Der cerebrale Prozessor der Männer wird mit dieser riesigen Datenflut aus komplexen weiblichen Phrasen einfach nicht fertig, was zur Folge hat, dass er deutlich langsamer und schlechter arbeitet – bis er am Ende den Geist aufgibt. So jedenfalls könnte man – plakativ vereinfacht – das Untersuchungsergebnis eines Teams aus Neurologen der University of Sheffield formulieren.

Für die Studie »Male and female voices activate distinct regions in the male brain«, die in der Fachzeitschrift *Neuro-Image* erschienen ist, scannten Peter Woodruff und Michael D. Hunter zusammen mit zwei weiteren Kollegen die Gehirne von zwölf Männern (Durchschnittsalter: ca. 27 Jahre), während sie ihnen zwölf weibliche und zwölf männliche Stimmen vorspielten. Die Aufgabe der Probanden bestand eigentlich nur darin, die Stimme dem jeweiligen Geschlecht zuzuordnen. Wie zu erwarten, bereitete das keinerlei Probleme. Überraschend war jedoch, was die Forscher mithilfe des eingesetzten Kernspintomographen feststellen konnten: Bei den Probanden wurden unterschiedliche Gehirnareale aktiviert, je nachdem ob sie weibliche oder männliche Stimmen vernahmen. Die Verlautbarungen der Frauen wurden exakt dort verarbeitet, wo man es auch erwartet hätte – nämlich im Hörzentrum. Ganz anders die männlichen Stimmen: Sie wurden an der Gehirnregion, die eigentlich für die »Dechiffrierung« verschiedener akustischer Signale zuständig ist, vorbeigeschleust und landeten direkt in einem visuellen Areal auf der Hinterseite des Denkorgans. Dort wird normalerweise das Bild von sich selbst mit demjenigen einer anderen Person abgeglichen.

Die Wissenschaftler erklären diesen sonderbaren Vorgang im männlichen Gehirn mit der Komplexität der weiblichen Stimme. Zurückzuführen sei diese auf die – im Vergleich zum Mann – verstärkte natürliche »Melodie« in der weiblichen Artikulation (Frauen singen Männern in der Tat gerne was vor). Verursacht wird die »kompliziertere Tonalität« der Mädels aber auch durch die unterschiedliche Form und Größe ihrer Stimmbänder und des Kehlkopfs. Was letztendlich dazu führe, dass die Verlautbarungen des weiblichen Sprachorgans sich durch eine größere bzw. komplexere Bandbreite an Tonfrequenzen auszeichnen und damit klarer und nuancenreicher seien als das männliche Timbre.

Um die hinsichtlich der Tonalität »anspruchsvollere« weibliche Botschaft zu verstehen, muss Mann eben wirklich das dafür vorgesehene Hörzentrum aktivieren und kann sie nicht – wie bei den männlichen Stimmen geschehen – in Areale umleiten, die dafür eigentlich weniger prädestiniert sind, aber auch weniger Aufwand erfordern. Die Folge: Er muss mehr neuronale Energie investieren, um die so wichtige weibliche Nachricht entschlüsseln zu können. Damit sein Hirn aber nicht überlastet wird, schaltet er bis zu einem gewissen Grad auf Durchzug. Somit werden nicht mehr alle weiblichen Botschaften dechiffriert. Die logische Konsequenz: Mann versteht nur partiell, was Frau eigentlich will!

Damit liefert die Wissenschaft den Männern ein Traumalibi frei Haus: »Ich würde dir ja gerne zuhören, aber mein Gehirn macht da einfach nicht mit« – so könnte beispielsweise die Ausrede lauten, die sie vorbringen. Mit Erfolg? Das darf man bezweifeln! Die Mädels würden einfach darauf pochen, dass die Jungs die neuronale Energie schleunigst aufbringen sollten, weil sonst auch ihr Energieverbrauch beim Sex auf null heruntergefahren werde. Eine Drohung, die sicher funktioniert.

Die Wissenschaftler um Peter Woodruff liefern darüber hinaus eine Erklärung für ein anderes merkwürdiges Phänomen – dass nämlich bei Halluzinationen meist nur männliche Stimmen zu hören sind. Ihre Begründung: Die weibliche Stimme ist viel zu komplex, weshalb es dem Hirn deutlich schwerer falle, sich eine falsche, aber echt klingende weibliche als eine eingebildete männliche Stimme auszudenken. Der Wermutstropfen für halluzinierende Jungs: Die Chancen, dass Heidi insgeheim und exklusiv zu Männern mit »Hallus«, sprechen wird, stehen damit eher gering. Das »echte« Vergnügen hat nur Seal regelmäßig – auch wenn er es womöglich nicht immer zu schätzen weiß!

Vatersprache

Auch Kleinkinder wissen es offenbar nicht immer zu schätzen, wenn man versucht, mit ihnen Konversation zu betreiben – nicht anders ist das lautstarke Geplärre, mit dem sie hin und wieder jegliche Unterhaltung abwürgen, zu deuten. Häufig sind sie aber auch in der Opferrolle: Dann liegen sie hilf- und sprachlos im Kinderwagen, während ihnen die eigene Mutter oder gern auch mal eine fremde ältere Frau den Kopf entgegenreckt und mit signifikant erhöhter Stimme in infantilem Duktus irgendetwas mit »Dutzi, dutzi du« oder »Du bist ja eine Schöne« (»ER ist ein Junge!«) stammelt. Nicht nur, dass der wehrlose Säugling kein Wort versteht, er kann sich dieser infantilen Anmache auch nicht erwehren.

Babys beiderlei Geschlechts und Männer haben also scheinbar oft eines gemeinsam – der Redeschwall von Frauen und Müttern überfordert sie völlig. Die Reaktion darauf ist die gleiche wie die ihrer Väter: Sie schalten ebenfalls auf Durchzug, wenn die Mutter anfängt, sie mit Phrasen zu bombardieren. Sie kopieren aber notgedrungen nicht nur das selektive Hörvermögen der Väter – sie nehmen diese auch buchstäblich beim Wort, wenn es um das Erlernen der Muttersprache geht. Die Mutter- müsste also eigentlich Vatersprache heißen! Denn für die frühkindliche Sprachentwicklung sind die meist spärlichen Verlautbarungen der Väter wichtiger als die ständige Ansprache der Mutter. Das behaupten jedenfalls zwei amerikanische Forscherinnen der University of North Carolina in Chapel Hill (USA).

Für die Studie, die im *Journal of Applied Developmental Psychology* erschienen ist, führten die beiden Psychologinnen Nadya Pancsofar und Lynne Vernon-Feagans Interviews mit insgesamt 92 Elternpaaren, deren Kinder 24 Monate alt waren. Neben den obligatorischen Fragebögen, die sie ausfüllen mussten, wurden die Eltern beim Spielen mit ihren Kindern gefilmt. Anhand dieser Aufnahmen analysierten die Forscherinnen, wie viel ein Elternteil generell mit den Kindern sprach, welche Wörter dabei benutzt wurden, wie lang die Sätze waren und wie viele bzw. welche Art von Fragen gestellt wurden. Ein Jahr später, als die Kinder 36 Monate alt waren, bewerteten die beiden Wissenschaftlerinnen die Sprachentwicklung der Kleinen von den 62 übrig gebliebenen Teilnehmerpaaren (der Rest war im Laufe der Zeit abgesprungen und beteiligte sich nicht weiter an der Untersuchung).

Das Ergebnis dürfte die Mütter der Nation verstummen lassen: Obwohl der weibliche Elternteil weit mehr Konversation mit den Sprösslingen betrieb und wesentlich häufiger Fragen an sie richtete, orientierte sich der Nachwuchs beim Sprechen lernen am Vater. Beispielsweise imitierten die Kleinen deutlich häufiger den Satzbau des Vaters. Zudem konnten die Psychologinnen feststellen, dass die Sprachentwicklung der Söhne und Töchter umso schneller vorangeschritten war, je umfangreicher sich der Wortschatz des männlichen Elternteils gestaltete.

Was aber ist der Grund dafür, dass Väter in diesem Alter der Kinder deren Sprachentwicklung stärker prägen? Die beiden Wissenschaftlerinnen vermuten dahinter die bereits erwähnte Tatsache, dass die Mütter die Kleinkinder einfach mit zu vielen Wörtern überfordern. Wenn die Kinder älter als drei Jahre sind, übernehmen allerdings wieder die Mütter das Sprachzepter, das heißt, ab diesem Alter sind sie bzw. ihr Wortschatz prägend.

Wenn sich hingegen die gerne auch mal älteren Damen über den Kinderwagen beugen, um im infantilen Duktus Konversation mit dem Säugling zu betreiben, können sie das ruhig weiterhin tun. Da der »Dutzi-dutzi-Jargon« kaum Einfluss auf die sprachliche Entwicklung des Kindes hat, sei es ihnen verziehen.

Körperflüssigkeiten

»Copuliné – L'Odeur de Vagin«

Großen Einfluss auf die sexuelle Anziehung unter den Geschlechtern haben hingegen so manch transpirierte Körperflüssigkeiten, beispielsweise Schweiß oder die mittlerweile allseits bekannten Pheromone (Sexuallockstoffe). Aber auch Absonderungen im Intimbereich, bei Frauen zum Beispiel das Vaginalsekret, können ungeahnte Wirkungen entfalten. Ganz neu ist diese Tatsache für experimentierfreudige Mädels sicher nicht. Die eine oder andere forschungsbegeisterte Dame hat sicher schon mal einen delikaten Selbstversuch unternommen und sich einen Abstrich ihrer Intimflüssigkeit auf die Pulsadern aufgetragen. Danach wurde dann getestet, ob bzw. wie die Männerwelt auf das Odeur des körpereigenen Sekrets anspricht. Und die Reaktion der Männer darauf ist in der Tat teilweise verblüffend: »Ganz narrisch und verrückt sind sie geworden«, »Der Zuspruch und die Resonanz waren fast beängstigend« – so die Eindrücke der Hobbyforscherinnen.

Natürlich wurde auch die professionelle Forschung diesbezüglich aktiv. Es galt herauszufinden, welcher Inhaltsstoff des Vaginalsekrets diese erstaunlichen Reaktionen bei Männern auslösen könnte. Und die Forscher wurden fündig: Es sind die sogenannten Kopuline. Hierbei handelt es sich um ein Gemisch kurzkettiger Fettsäuren. Diese »natürlich aromatischen« Säuren können bei Männern anscheinend eine Anhebung des Testosteronspiegels um bis zu 150 Prozent bewirken.

Eine solch phänomenale Reaktion des männlichen Körpers konnte auch der Anthropologe Karl Grammer vom Ludwig-Bolzmann-Institut für Stadt-Ethologie in Wien mittels eines Experiments ausmachen. Zusammen mit seiner Kollegin Astrid Jütte ließ er in seiner Untersuchung 66 junge Männer entweder eine von drei Kopulin-Mischungen oder eine simple Wasserprobe inhalieren. Die drei Proben enthielten jene spezifischen Fettsäuremixturen, die den verschiedenen weiblichen Zyklusphasen entsprachen (vor, während und nach dem Eisprung). Einen bestimmten Geruch konnten die Probanden jedoch nicht bewusst wahrnehmen, was wahrscheinlich auf den geringen Gehalt der Kopuline in der Wasserlösung zurückzuführen war (dieser lag gerade mal bei 0,4 Promille). Die jungen Männer mussten aber nicht nur schnüffeln – sie durften dabei auch Porträtfotos von fünf mehr oder minder hübschen Frauen betrachten, mit der Bitte, die Attraktivität der Abgelichteten zu beurteilen. Um festzustellen, wie sich der Testosteronspiegel veränderte, wurde den Versuchspersonen zudem vor und nach der Inhalation eine Speichelprobe entnommen.

Das Ergebnis: Während bei der Gruppe, die lediglich an der Wasserprobe schnuppern durfte, der Androgengehalt geringfügig sank, konnte bei der Kopulin-Gruppe nach etwa zwanzigminütiger Dauer des Experiments ein signifikanter Anstieg verzeichnet werden – egal, wie anziehend die jeweilige Frau auf dem Foto bewertet wurde! Die für den Eisprung charakteristische Fettsäuremixtur bewirkte gar wahre Wunder: Mittels dieser Substanz wurden auch aus den hässlichen Entlein hübsche Prinzessinnen. Die von Mutter Natur nicht ganz so reich beschenkten Frauen auf den Fotos wurden in den Augen der Männer plötzlich so anziehend wie ihre wirklich attraktiven Geschlechtsgenossinnen. Die begehrenswerten Damen auf den Ablichtungen konnten von den Ovulationsmischungen hingegen weniger profitieren – sie gewannen nur geringfügig an Attraktivität hinzu. Generell stieg aber die Bereitschaft der Männer, sich aktiv um die Bekanntschaft der gezeigten Frau zu bemühen.

Die Schlussfolgerungen, die Grammer aus seinem Experiment zog, machen den Mauerblümchen Hoffnung, sollten den Männern aber zu denken geben. Sein Resümee lautet, dass Männer unter dem Einfluss der Kopuline anscheinend komplett die Fähigkeit verlieren, die Attraktivität einer Frau zu bewerten. Allerdings stören Hormone, wie sie beispielsweise in der »Pille« vorkommen, die Produktion dieser Fettsäuren. Für die Männer immerhin ein weiterer Grund, für die Einnahme dieses Verhütungsmittels zu plädieren – um nicht ihr Urteilsvermögen bei der Einschätzung der Attraktivität einer Frau zu verlieren.

Die Mädels werden aber den Teufel tun! Sie werden sich hüten, unnötig Kontrazeptionsmittel einzunehmen. Stattdessen werden sie nach Bekanntwerden dieser Studienergebnisse, die unter dem martialischen Titel »Der Krieg der Düfte: Bedeutung der Pheromone für die menschliche Reproduktion« in der *Gynäkologisch-geburtshilflichen Rundschau* dokumentiert wurden, eventuell alle zu kleinen Hobbyforscherinnen, die herausfinden wollen, ob das denn wirklich stimmt.

Die Parfümindustrie würde das Ganze indes mit Grauen verfolgen. Schließlich würden ihre Umsätze Gefahr laufen, komplett einzubrechen, sollten immer mehr Frauen auf die »hausgemachten« Essenzen zurückgreifen. Diese entfalten ihre richtige Wirkung allerdings nur während der fruchtbaren Tage – und diese sind ja an einer Hand abzuzählen!

Das macht sich die olfaktorische Industrie bereits zunutze, indem sie beispielsweise Düfte synthetisch herstellt, die der Fettsäurenmixtur während des Eisprungs entsprechen. Ein schöner Name für einen solchen Flakon wäre: »Copuliné – L'Odeur de Vagin«. Exklusiv bei Douglas (»Macht das Leben der Frauen schöner.«). Bisher gibt es solche »Düfte« allerdings fast ausschließlich im Internet. Der Erfolg? Mäßig! Mit der zunehmenden Popularität dieser eigentlich schon relativ alten Studie könnte sich das allerdings schlagartig ändern.

Geiler Schweiß

Welchen »natürlichen« Stoff sollten hingegen Männer auftragen, um die Damenwelt zu betören? Aussonderungen aus dem Schritt? Vorhautsekrete? Oder gar Samenflüssigkeit? Ganz klar – nein! Das Problem: Sperma ist fluoreszierend. Spätestens in der Disko könnte es peinlich werden.

Doch warum so kompliziert? Es reicht einfach, wenn der Mann schwitzt. Und das tut er ja gern und viel. Eine weitere Voraussetzung: nicht zu viel duschen und kein Parfum benutzen! Das schränkt die Lebensqualität der Männer jetzt auch nicht unbedingt ein (die ihrer Mitmenschen hingegen schon deutlich mehr). Sollte man jedenfalls meinen. Dem ist aber nicht unbedingt so. Ganz im Gegenteil! Die Ausdünstungen der Männer können zumindest beim anderen Geschlecht für gute Stimmung sorgen. Das jedenfalls legt eine Untersuchung von Forschern der University of Pennsylvania nahe. Damit aber nicht genug: Laut der Studie, die im Fachjournal *Biology of Reproduction* publiziert wurde, reduziert die männliche Transpiration zudem das Stressgefühl der Frauen und hat frappierenderweise auch Einfluss auf deren Menstruationszyklus.

Für die Studie entnahmen die beiden Wissenschaftler George Preti und Charles J. Wysocki Achselhöhlen-Proben von sechs Männern (Alter: 22 bis 45 Jahre), die sich vier Wochen lang mit parfümfreier Seife gewaschen und in dieser Zeit auch kein Deodorant benutzt hatten. Diese Schweißabsonderungen, oder zur Kontrolle Ethanol, wurden dann 18 Frauen im Alter zwischen 25 und 45 Jahren alle zwei Stunden zwischen Oberlippe und Nase aufgebracht. Zuvor wurde noch bestimmt, in welcher Zyklusphase sie sich befanden. Das Experiment dauerte insgesamt zwölf Stunden, wobei die Probandinnen in den ersten sechs Stunden an der Alkohollösung und die restliche Zeit an den Proben aus den männlichen Achselhöhlen schnuppern durften. Alle zehn Minuten wurde ihnen zudem Blut abgezapft, das auf den Gehalt des luteinisierenden Hormons geprüft wurde, welches den Eisprung bei der Frau fördert. Nur zweimal pro Sechs-Stunden-Session wurden die weiblichen Testpersonen hingegen nach ihrem Gemütszustand gefragt, beispielsweise ob sie sich angespannt, müde oder gar sexuell erregt, eventuell auch ängstlich fühlten.

Das Ergebnis dieses skurrilen Versuchs: Die Probandinnen fühlten sich während des sechsstündigen Experiments mit den Perspirationen der Männer auf den Lippen deutlich entspannter und zeigten weniger Stresssymptome. Anhand der regelmäßig durchgeführten Bluttests konnte überdies festgestellt werden, dass der Anteil des luteinisierenden Hormons gestiegen war. Aber nicht nur das: Auch die Zeitintervalle, in denen dieses Fruchtbarkeitshormon normalerweise produziert wird, wurden durch die Schweißproben der Männer um durchschnittlich 20 Prozent verkürzt. Die logische Schlussfolgerung der Forscher: Die männliche Transpiration kann den weiblichen Menstruationszyklus beeinflussen.

Kurios war zudem, dass keine der an dem Versuch beteiligten Frauen erkannte, dass es sich bei der aufgetragenen Substanz um Männerschweiß handelte. Stattdessen nahmen sie an, es handele sich bei beiden Proben um Parfüm, Bohnerwachs mit Zitrusgeschmack (!) oder – wie bei den Kontrollsubstanzen – um Alkohol (wer weiß, was die Männer vor der Schweißabnahme alles gesoffen hatten). Sexuelle Erregung konnten Preti, Wysocki und die anderen an diesem Versuch beteiligten Forscher bei den Probanden jedoch nicht feststellen.

Dass Männerschweiß, genauer: eine spezielle darin enthaltene Substanz, aber durchaus in der Lage ist, auch die weibliche Libido positiv zu beeinflussen, konnte dagegen von einem Forscherteam um Claire Wyart von der University of California in Berkeley nachgewiesen werden. Für die im *Journal of Neuroscience* erschienene Studie ließen die Wissenschaftler 21 heterosexuelle Frauen an dem synthetisch hergestellten Testosteron-Abkömmling Androstadienon (AND) schnuppern, der in der männlichen Transpiration enthalten ist. Danach wurden ihnen entweder traurige, lustige oder erotische Videos gezeigt. Während des Experiments mussten die Probandinnen insgesamt fünf Speichelproben abgeben, die auf das Stresshormon Cortisol untersucht wurden. Gleichzeitig wurden bei den Teilnehmerinnen unter anderem der Hautwiderstand, der Puls und der Blutdruck gemessen. Abschließend mussten sie – wie bei dem vorher dokumentierten Versuch – Angaben zu ihrer Stimmung machen (unter anderem, ob sie sexuell erregt waren).

Das verblüffende Resultat: Der Stoff AND erhöhte bei den Probandinnen in der Tat die sexuelle Erregbarkeit. Wie bei dem Versuch von Preti und Wysocki konnte auch bei dieser Studie außerdem eine Verbesserung der allgemeinen Stimmung festgestellt werden. Wahrscheinlich bedingt durch die stärkere sexuelle Erregung, stieg auch die Ausschüttung von Cortisol.

Die logische Konsequenz aus diesen Studienergebnissen kann also nur lauten: Männer sollten erst einmal ganz selbstlos ihre Deoroller und -sprays entsorgen und auf vollkommen parfümfreies Duschgel umsteigen. Sollten ihre Herzensdamen dann irgendwann einmal unter starkem Stress stehen oder sollte ihr Menstruationszyklus verrücktspielen, müssen sie einfach nur an den Achselhöhlen des Mannes schnüffeln – und schon sind sämtliche Beschwerden verschwunden. Sich stattdessen eventuell einstellende sexuelle Gelüste befriedigt Mann natürlich liebend gerne. Damit diese bei den Frauen geweckt werden, muss er sich aber nicht einmal irgendwelche Sekrete aus dem Intimbereich auf die Pulsadern schmieren – schwitzen genügt!

Fröhlicher Männersaft

Männerschweiß kann Frau also entspannen, Stress abbauen, den Zyklus beeinflussen und ihre Libido steigern – sehr beeindruckend! Zum absoluten Glückszustand kann er ihr jedoch anscheinend nicht verhelfen. Das vermögen eher die bekannten Lebenselixiere der Damenwelt: Schokolade und Schuhe – oder *das* (wortwörtliche) Lebenselixier der Männer: Sperma! Würden Frauen mit der Behauptung konfrontiert, allein seine Samenflüssigkeit habe das Zeug dazu, sie glücklich, zumindest fröhlich zu machen, würde die Antwort der Damen nur lauten: »So ein Quatsch!« Wenn sie sich da mal nicht täuschen! Forscher der State University at Albany in New York behaupten nämlich genau das – Sperma macht glücklicher! So lautet, zugespitzt formuliert, die Quintessenz einer Studie mit dem schönen Titel »Does Semen Have Antidepressant Properties?« Erschienen ist sie im Fachmagazin *Archives of Sexual Behavior*.

Der bereits erwähnte Psychologe Gordon G. Gallup jr. ließ zusammen mit seinen beiden Forschungsassistenten Rebecca L. Burch und Steven M. Platek zuerst 293 junge Studentinnen der Hochschule einen Fragebogen über ihr Sexualleben ausfüllen (gefragt wurde nach der Häufigkeit von Geschlechtsverkehr und ob dabei Kondome benutzt wurden). Anhand der Angaben über die Häufigkeit der Kondomverwendung wurden die Probandinnen in verschiedene Gruppen unterteilt. Mit einer weiteren schriftlichen Befragung wollten die Wissenschaftler außerdem herausfinden, wie es um die Stimmung bzw. den Seelenzustand ihrer Probandinnen bestellt war. Die Ergebnisse des speziellen Tests wurden dann mittels einer Skala ausgewertet, die angab, inwieweit die Teilnehmerin zu Depressionen neigte oder nicht (ab dem Wert 17 wurden zum Beispiel moderate Depressionen diagnostiziert).

Das Ergebnis war erstaunlich: Frauen, die beim Geschlechtsverkehr nie mit Kondomen verhüteten, wiesen einen Wert von 8 auf, während die Probandinnen, die hin und wieder von Gummis Gebrauch machten, mit 10,5 schon etwas darüber lagen. An der Spitze der Depressionsskala standen die Studienteilnehmerinnen, deren Partner sich regelmäßig ein Präservativ überziehen musste – hier lag der Wert bei 15. Irritierenderweise sank die Depressionsneigung bei Frauen, die immer auf den Einsatz von Verhüterlis pochten, wieder auf 11,3. Studienleiter Gallup führte dies auf einen Auswertungsfehler zurück. Diese Annahme bestätigte sich bei einer weiteren Untersuchung mit siebenhundert Probandinnen, denn da war die Gruppe, die immer Kondome benutzte, dann auch tatsächlich am depressivsten. Ach ja, (notgedrungen!?) frigide Mädels brachten es immerhin noch auf einen Wert von 13,6.

Weitere Resultate: Je länger der letzte Koitus zurücklag, desto depressiver waren ausgerechnet jene Probandinnen, die nie oder nur ab und zu auf Kondome zurückgriffen. Bei den Frauen, deren Männer regelmäßig oder immer etwas überziehen mussten, hatte eine längere Abstinenz hingegen keinerlei Auswirkungen auf deren Stimmung. Generell wies die Gruppe der verstärkten Kondombenutzer aber mehr Symptome einer echten Depression auf als diejenigen, die auf Präservative verzichteten. Auf ihr Konto ging zudem eine höhere Anzahl von Selbstmordversuchen (fast 29 Prozent der Frauen, deren Partner sich normalerweise etwas überziehen musste, hatten schon den Versuch unternommen, sich das Leben zu nehmen). Aber nicht nur das: Generell vollzogen die Damen, bei denen ohne Kondom nichts lief, den Liebesakt deutlich seltener als ihre Geschlechtsgenossinnen, die anders bzw. gar nicht verhüteten.

Die logische Schlussfolgerung der Forscher: Die unterschiedlichen Gemütszustände müssten auf das männliche Ejakulat zurückzuführen sein – alles andere war nicht plausibel. Welcher Inhaltsstoff der Samenflüssigkeit aber die Stimmung der Frauen hebt bzw. als Antidepressivum wirkt, konnten die Forscher um Gallup nicht herausfinden. Dafür kämen nach ihrer Ansicht einige Substanzen im Ejakulat des Mannes infrage, die bekanntermaßen Einfluss auf den Seelenzustand beider Geschlechter nehmen können, beispielsweise Testosteron, Östrogen, Prolaktin oder Follikel stimulierende Hormone (deshalb wird auch spekuliert, dass Sperma den Eisprung befördert). Mit der Samenflüssigkeit gibt Mann diese Hormone auch an die Frau weiter – vorausgesetzt, es wird kein Kondom »dazwischengeschaltet«. Wie aber sieht es mit ungeschütztem Oralverkehr aus? Hier kommen die Frauen doch (notgedrungen) häufig auch mit dem Männersaft in Berührung? Zeigt das keinerlei Wirkung? Studienleiter Gallup vermutet – doch! Er begründet das mit der Antibabypille: deren Ingredienzien überlebten ja auch den Verdauungsprozess und fänden ihren Weg ins Blut. Davon kann zumindest auch bei einem Teil der Hormone im Sperma ausgegangen werden. Die Grundvoraussetzung hierfür: schlucken, nicht ausspucken (Mahlzeit!).

Geschmacksempfindliche Damen dürften auf den Vorschlag der oralen Aufnahme des Spermas allerdings reserviert reagieren. Die Voraussetzungen dafür wären erstens, dass sie wirklich schlechte Stimmung haben oder Symptome einer Depression zeigen, dass zweitens der Mann statt Knoblauch, Bier, Spargel, Kaffee oder Aspirin (das alles macht das Sperma schwer genießbar) besser anderthalb Liter Ananassaft getrunken haben sollte (der für ein süßlicheres Sperma sorgt). Und drittens muss das Zeug wirklich Wirkung entfalten! Voraussetzungen, die einem nicht nur den Appetit, sondern vor allem auch den Spaß verderben. Deshalb werden beide Geschlechter trotz Kenntnis der scheinbar phänomenalen Wirkung des männlichen Ejakulats auf die Laune der Frau lieber weiterhin auf das alte Hausrezept setzen – Schuhe und Schokolade!

Jungbrunnen in der Hose

Auf alte Hausrezepte vertrauen auch prominente Ladys aus Film und Fernsehen, wenn es darum geht, ihr gutes Aussehen und den jugendlichen Teint zu bewahren. Ihre Schönheitstipps behalten sie natürlich nicht für sich, sondern geben diese der ganzen Damenwelt preis. Welch ein Glück für die Frauenzeitschriften und Boulevardmagazine – die können dann mal wieder »exklusiv« von den geheimen und skurrilen Beauty-Tricks der Stars berichten. Und in der Tat, so mancher weibliche Star schwört dabei auf reichlich merkwürdige Hausmittel, um »den Zeichen der Hautalterung« Einhalt zu gebieten.

Die mittlerweile in die Jahre gekommene Schauspielerin Goldie Hawn vertraut beispielsweise auf Hämorrhoiden-Salbe, um damit ihre altersbedingten Krähenfüße an den Augen zu bekämpfen (böse Zungen würden behaupten: »Die

Creme is doch für'n Arsch!«). Die auch nicht mehr blutjunge Naomi Campell reibt sich den Allerwertesten mit grob gemahlenem Kaffeepulver ein und wickelt sich anschließend für zwanzig Minuten in Haushaltsfolie (!), um Cellulite zu bekämpfen. Bei dem koffeinhaltigen Schwarzgetränk darf natürlich die Milch nicht fehlen – die schüttet Cameron Diaz anscheinend nicht in den Kaffee, sondern rubbelt sich mit dieser lieber in Pulverform das Gesicht ab. Ihre Hautprobleme sprechen allerdings nicht unbedingt dafür, dass diese Methode von Erfolg gekrönt ist.

Ob man das Ergebnis weiterer trickreicher Schönheitsanwendungen indes als durchschlagenden Erfolg bezeichnen kann, ist – im wahrsten Sinne des Wortes – Ansichtssache. Immerhin greifen viele Stars meist auf natürliche Ausgangsprodukte zurück. So bestehen deren Gesichtsmasken beispielsweise aus Honig, Kiwi, Joghurt (Ornella Muti), rohen Kartoffelscheiben (Cindy Crawford), pürierten Gurken mit Sahne (Iris Berben) oder Tomaten, Honig und Olivenöl (Sophia Loren). Während die eine auf Hagebuttenöl schwört (Sarah Jessica Parker), ersetzt die andere das Elmex-Gelee durch ein Erdbeerpüree (Catherine Zeta-Jones), um sich damit einmal die Woche die Zähne zu putzen. Wer indes abgehärtet ist und das Zeug zum Dschungelkönig hat, der lässt sich Blutegel auf die Haut setzen, um schöner zu werden (Demi Moore).

Ähnlich ekelhaft – aus Sicht der Frauen – wäre eine Methode, die sich aus den spektakulären Erkenntnissen eines deutsch-österreichischen Forscherduos ergäbe. Immerhin würde es sich dabei ebenfalls um ein natürliches Mittel ohne jegliche chemische Zusätze handeln. Der Name des wundersamen Biosafts aus »hauseigener Produktion« – Sperma!

Die männliche Samenflüssigkeit stellt offenbar – glaubt man den Ergebnissen der Studie – das ultimative Jungbrunnenelixier dar, da es die Alterung der Zellen aufhalten kann. Dafür verantwortlich zeichnet das sogenannte Spermidin. Dies fanden die Biochemiker Frank Madeo und Tobias Eisenberg von der Karl-Franzens-Universität in Graz heraus. Für die Studie, die im Fachmagazin *Nature Cell Biology* veröffentlicht wurde, hatten die beiden Forscher die Untersuchungen von insgesamt 29 Wissenschaftlern aus sechs Ländern an elf Universitäten koordiniert.

Dass die in der männlichen Samenflüssigkeit hochkonzentriert vorkommende Substanz Spermidin das Leben verlängert, konnte das internationale Forscherteam bei Versuchen mit menschlichen Immunzellen, aber auch mit Mäusen, Fliegen, Würmern und Hefepilzen (eben alles, was in einer männlichen Single-Wohnung so kultiviert wird) nachweisen. Genau diese Zellen und Organismen wurden in den Experimenten durch die Zugabe von Spermidin verjüngt und lebten daraufhin länger.

Bei Spermidin handelt es sich um einen natürlichen Stoff, der sich in allen Körperzellen findet. Mit dem Alter nimmt seine Konzentration jedoch ab – genau wie die Fähigkeit des Körpers, geschädigte Zellbestandteile zu entsorgen. Die »Müllabfuhr« der Zelle arbeitet allerdings wieder auf Hochtouren, sobald von außen Spermidin hinzufügt wird, was in den Experimenten beispielsweise zur Folge hatte, dass altersbedingte Schäden in den Zellen von Mäusen merklich reduziert wurden. Die Wissenschaftler wiesen in ihrer Untersuchung zudem auf den eigentlich verblüffenden Umstand hin, dass alle menschlichen Zellen altern – nur die Samenzellen nicht. Sprich: Selbst die sicher weniger gewor-

denen und nicht mehr ganz so virilen Wimmler eines fünf-
zig- oder sechzigjährigen Mannes sind zelltechnisch gesehen immer noch blutjung – und reichen aus, um ein Kind
zu zeugen, das keinerlei Zellschädigung des alten Vaters
aufweist. Dieses Phänomen führen die Wissenschaftler eben
unter anderem auf die hohe Konzentration an Spermidin in
der Samenflüssigkeit zurück.

Die besagten Models und Schauspielerinnen können also
das mühsame Kiwi- und Kartoffelschälen drangeben, den
Pürierstab im Schrank lassen, der tägliche Verbrauch von
Haushaltsfolie kann ebenfalls bedeutend reduziert werden,
und die Popocreme findet nur dort Verwendung, wo sie eigentlich hingehört – am Hinterteil! Stattdessen sollten die
weiblichen Celebrities lieber ihren meist ebenfalls berühmten Mann in der Hose abschöpfen (dort ist ja der schein-
bare Jungbrunnen lokalisiert). Stellt sich dann nur die Frage,
wohin mit der kostbaren Flüssigkeit? Schlucken oder Auftragen? Das ist wahrlich Geschmackssache! Besser wäre
aber wahrscheinlich Ersteres, schließlich kommt Schönheit
bekanntlich von innen, und außerdem steht oral eingenom-
mene Samenflüssigkeit ja auch im Verdacht, glücklich zu
machen. Und welche Lady will das nicht sein – jung und
glücklich!

Frauen, die sich mit diesem relativ neuen »Hausrezept«
für einen strahlenden und jugendlichen Teint nicht anfreunden können, sei gesagt, dass die beiden Studienleiter Madeo
und Eisenberg in ihrer Studie noch darauf hinweisen, dass
Spermidin in hoher Konzentration nicht nur in der männlichen Samenflüssigkeit enthalten ist, sondern auch in Grape-
fruits, Weizenkeimen, Sojabohnen, Teeblättern und Pilzen.
Geschmacklich sind Letztere ohne Zweifel zu bevorzugen.

Das dürfte aber nicht der einzige Grund sein, warum diese Nahrungsmittel sicher größere Chancen haben, bald ins Arsenal an Beauty-Tricks der Stars aufgenommen und damit in *Bunte*, *Gala* oder *Vogue* veröffentlicht zu werden. Denn wie würde sich die Schlagzeile auch anhören: »Goldie Hawn – ihr Schönheitsrezept für jugendliches Aussehen: das Sperma von Kurt Russell«!?

Fit im Schritt

Das männliche Ejakulat verspricht also den Frauen Glück, Jugendlichkeit und damit Schönheit. Die Samenflüssigkeit kann aber noch mehr als die gute, alte »Kinderüberraschung« – sie kann für genau dieselbige sorgen. Damit Frau dabei allerdings keine negative Überraschung erlebt, sollte sie ihr Jungbrunnenelixier bzw. ihren Glückstrunk nur bei Männern abzapfen, die nachweislich über einen hohen Grad an Intelligenz verfügen. Und zwar nicht nur, weil der Nachwuchs davon profitiert, sondern auch, weil die Chancen steigen, dass es überhaupt zur Befruchtung kommt. Worauf das zurückzuführen ist? Auf die anscheinend bessere Samenqualität kluger Männer (Einstein müsste demnach extrem zeugungsstarke Powerspermien gehabt haben).

Dass Männer mit mehr und aktiveren Gehirnzellen eine größere und agilere Anzahl von Samenzellen besitzen, behauptet zumindest ein englisch-amerikanisches Forscherteam unter der Leitung von Rosalind Arden vom King's College in London. Die Wissenschaftler werteten die Daten einer im Jahr 1985 durchgeführten Untersuchung von 4462 Veteranen des Vietnamkrieges aus. 425 der männlichen Teilnehmer im Alter von 31 bis 44 Jahren hatten für die damalige Studie auch eine Spermaprobe abgegeben. Die Vorgaben hierfür: Die Probanden durften in den 48 Stunden davor keinen Samenerguss haben und mussten ihr frisch abgezapftes Ejakulat innerhalb von 30 Minuten abliefern (das konnten sie, weil sie ihr »Geschäft« im nahe gelegenen Hotelzimmer verrichten duften). Die klebrigen Ergebnisse wurden dann auf Spermienkonzentration, -anzahl und -beweglichkeit untersucht. Die Veteranen mussten im Rahmen dieser Studie zudem diverse Sprach- und Intelligenztests absolvieren. Weitere mögliche Variablen wie Alter, Tage sexueller Abstinenz vor der Ejakulation, Body Mass Index, Alkohol- und Zigarettenkonsum, die einen statistischen Zusammenhang zwischen Intelligenz und Samenqualität widerlegen könnten, wurden von Rosalind Arden und ihren Kollegen berücksichtigt.

Trotz dieser weiteren möglichen Einflussfaktoren auf Spermienproduktion oder geistige Fähigkeiten konnte ein direkter Zusammenhang zwischen Intelligenz und Samenqualität festgestellt werden. Dies galt sowohl für die Spermienkonzentration und -anzahl als auch für deren Beweglichkeit. Der nachgewiesene Unterschied bei Qualität und Quantität der Samenzellen geistig mehr oder minder versierter Männer war zwar gering, aber dennoch statistisch signifikant. Einfluss auf die Reproduktionsrate habe dieser kleine Unterschied jedoch nicht, wie die Studienleiterin Arden in ihrer im Fachmagazin *Intelligence* veröffentlichten Untersuchung anmerkte.

Sprich: Primär mag Albert Einstein mit seinen zwei Söhnen und wahrscheinlich einer Tochter, die er gezeugt hat, die These der Forscher bestätigen. Letztendlich geht aber doch

Masse vor Klasse. Die geistigen Tiefflieger unter den Männern mögen zwar eventuell nicht ganz so fitte Spermien im Schritt produzieren wie der legendäre Physik-Nobelpreisträger, aber weil sie – wie die Praxis und Umfragen belegen – generell kopulationsfreudiger sind und der Nachteil in Aktivität und Agilität der Samenzellen nicht besonders ins Gewicht fällt, sind sie bei der Reproduktion, wie ebenfalls Statistiken belegen, erfolgreicher (entsprechend häufiger kommt es zur »Kinderüberraschung«).

Körpersignale

Aschenputtels Hüftschwung

Es ist beinahe schon ein Ritual, das man tagtäglich beobachten kann: Eine attraktive Frau spaziert an einem im Straßencafé sitzenden Mann vorbei – und automatisch folgt ihr sein Blick mit einer Drehung des Kopfes. Worauf sind seine Augen gerichtet? Natürlich auf das Hinterteil! Inspiziert werden hier das Taillen-Hüften-Verhältnis, die Quantität, Verteilung sowie der Rundungsverlauf des Steißspecks – und natürlich die Ausprägung des Hüftschwungs.

Was ein richtiger Hüftschwung ist, sieht man auf den Laufstegen in Mailand, Paris und New York – oder lernt man bei Bruce »die Hande-tasche muss lebendisch sein« Darnell. Sicher ist das dann ein bisschen übertrieben, aber den Männern gefällt es (bei Frauen, versteht sich!). Warum? Sie sehen in einer stark ausschwenkenden Hüfte ein Indiz für Weiblichkeit und Fruchtbarkeit. Wenn sie sich da mal nicht täuschen!

Dass Männer sich diesbezüglich wahrscheinlich auf einem Irrweg befinden, behauptet jedenfalls ein kanadisches Forscherteam von der Queens University in Kingston (Ontario). Unter der Leitung der Psychologin Meghan Provost von der Mountain Saint Vincent University in Halifax (Kanada) wurde zuerst der Gang von 39 Frauen während und außerhalb ihrer fruchtbaren Tage analysiert. Dazu mussten diese sich in hautenge Ballettanzüge zwängen, bei denen an Gelenken und Gliedmaßen 41 reflektierende Lichter angebracht waren. Die Probandinnen mussten aber nun nicht testen, ob sich mit diesen Kleidungsstücken die Verkehrssicherheit von Fußgängern im Dunkeln erhöhen würde. Nein, sie sollten in diesen Spezialanzügen einfach nur sechs Meter auf und ab gehen. Dabei wurden sie von zwölf Kameras gefilmt. Um zu wissen, in welcher Zyklusphase sie sich während des Experiments befanden, wurde ein Speicheltest vorgenommen. Das Resultat: Die Frauen schwangen während ihrer fruchtbaren Tage tatsächlich weniger ihre Hüften. Überdies hielten sie auch die Knie enger zusammen als in der Phase, wo keine Empfängnis möglich ist.

In einer zweiten Studie wurden die Aufnahmen dann 35 Männern gezeigt, mit der Bitte, die Attraktivität des Ganges der Frauen auf einer Skala von 1 (sehr attraktiv) bis 6 (sehr unattraktiv) zu beurteilen. Wie nicht anders zu erwarten, bewerteten die männlichen Probanden den schmaleren Gang mit weniger Hüfteinsatz als weniger sexy – genau in dieser Gangart waren die aufgenommenen Damen aber äußerst empfangsbereit. War dies nicht der Fall, ließen sie die Hüften stärker schwingen, was bei den Männern wiederum deutlich mehr Anklang fand.

Dass Frauen Männer unbewusst hinters Licht führen, ist aber nicht nur für Letztere eine große Überraschung – sondern auch für die Studienleiterin Provost, wie sie im Fachmagazin *Archives of Sexual Behavior* anmerkt, in dem die Studie erschienen ist. Provost hatte eigentlich damit gerechnet, dass Männer am Gang der Frauen erkennen könnten, wann diese empfängnisbereit seien. Um sicherzugehen, dass das Ergebnis wirklich korrekt war, wiederholte sie den Versuch mit zwei weiteren Männergruppen. Das Resultat blieb das gleiche!

Warum Frauen unbewusst versuchen, ihre Empfängnisbereitschaft geheim zu halten, ist für die Psychologin schnell erklärt: Sie wollen keine Männer anlocken, die sie nicht anziehend finden und die somit für eine Beziehung nicht infrage kommen. Würden sie an ihren fruchtbaren Tagen die Hüften fleißig rotieren lassen, könnten das die Männer schon von Weitem erkennen und würden sich angezogen fühlen. Die Gefahr, Opfer eines sexuellen Übergriffs zu werden, würde dadurch steigen, was die Frauen besonders an ihren zeugungsstarken Tagen – und ansonsten natürlich auch – tunlichst vermeiden wollen.

Die logische Konsequenz daraus: In der fertilen Phase empfiehlt es sich für Frauen, besser das Aschenputtel zu geben. Das Problem: Sollten die Männer den Frauen auf die Schliche kommen, werden sie in Zukunft extrem auf der Hut sein – und sich von Damen fernhalten, die hüftsteif durch die Gegend staksen. Letztere sind einerseits eher unattraktiv und andererseits scheinbar äußerst empfängnisbereit. Ein Zustand, den nicht jeder Mann unbedingt sexy

findet. Dementsprechend werden sie sich an die hüftschwin-
gende Fraktion halten und ihr weiterhin vom Straßencafé
aus sehnsuchtsvolle Blicke hinterherwerfen.

Verschärfte Gangart

Beim Stieren und Gaffen auf den weiblichen Unterbau könnten die Herren der Schöpfung aber noch ganz andere, äußerst interessante Dinge feststellen: Wie wäre es denn beispielsweise, wenn Mann allein an der Gangart einer Frau
ablesen könnte, ob sie im Bett viel Spaß hat?

Das jedenfalls behauptet ein schottisch-belgisches Forscherteam. Wie Frauen auf diese spektakuläre Erkenntnis
reagieren würden? Sicher mit einem ungläubigen »Träum
weiter«! Schenkt man den Wissenschaftlern um den bereits
erwähnten Psychologen Stuart Brody von der University
of the West of Scotland in Paisley Glauben, könnte dieser
Traum – zum Leidwesen der Damen – jedoch wahr werden.
Allerdings unter einer Voraussetzung: Die Männer müssten
sich das geschulte Auge eines Experten zulegen (jeder Kerl
wäre natürlich der felsenfesten Überzeugung, bei dieser Ma-
terie im Besitz wahrer Argusaugen zu sein).

Dass sie über ein ausgesprochen gut trainiertes Auge für
die Bewegungsabläufe beim weiblichen Geschlecht verfügen, konnten die Spezialisten in einer Studie unter Beweis
stellen, die im *Journal of Sexual Medicine* erschienen ist. In
der Untersuchung mussten belgische Psychologiestuden-
tinnen zuerst einen Fragebogen zu ihrem Sexualverhalten
ausfüllen. Unter anderem wollten die Forscher der Université Catholique de Louvain von den Teilnehmerinnen wis-

sen, ob und wie regelmäßig sie vaginale Orgasmen hätten. Aufgrund der für eine katholische Hochschule etwas heiklen Thematik (alle – katholischen – Teilnehmerinnen waren zudem unverheiratet) blieben nur 16 Probandinnen übrig, die angaben, »oft« bzw. »immer« (sieben hatten das göttliche Vergnügen) oder »nie« respektive »selten« (neun waren von Gott nicht auserwählt) einen vaginalen Orgasmus zu bekommen.

Diese wurden sodann gebeten, an einem öffentlichen Platz hundert Meter zu gehen und sich dabei vorzustellen, sie würden im Urlaub einen Strand entlangspazieren. Danach sollten sie noch einmal hundert Meter abschreiten und sich einbilden, sie würden nicht alleine über den Strand laufen, sondern mit jemandem, den sie lieben (also mit Gott, seinem Sohn oder dem Papst). Bei beiden Versuchen wurden sie jeweils aus relativ großer Distanz gefilmt. Diese Aufnahmen wurden dann von zwei Professoren der Sexualwissenschaften und deren Forschungsassistentinnen unabhängig voneinander beurteilt. Alle vier wussten nichts von der jeweiligen Sexualgeschichte der Probandinnen. Die Spezialisten bewerteten unter anderem die Rotation des Beckens bzw. der Hüfte, die Schrittlänge und die Flüssigkeit der Bewegung an sich. Danach sollten die Experten einschätzen, wie es um die vaginale Orgasmusfähigkeit der gefilmten Frauen bestellt sei.

Das Ergebnis: Die Sexualwissenschaftler lagen fast durchweg richtig. Bei über 80 Prozent, genauer: bei sechs von sieben Frauen konnten die Spezialisten tatsächlich allein anhand der Laufbewegung feststellen, ob die Betreffende zu einem vaginalen Orgasmus fähig war oder nicht. Bei zwei Damen lagen die Experten jedoch falsch: Nachdem sie deren Gang gesehen hatten, sprachen sie ihnen ebenfalls die Fähigkeit zu, den größten aller Höhepunkte erleben zu können. Die Wissenschaftler waren aber nicht darum verlegen, ihre – wenn auch geringe – Fehlerquote mehr oder minder plausibel zu erklären: Wahrscheinlich verfügten die beiden Damen, die angaben, noch nie einen vaginalen Orgasmus erlebt zu haben, von den Forschern aber so eingeschätzt wurden, über diese Fähigkeit, wussten aber einfach noch nichts davon. Dies führten die Wissenschaftler wiederum auf fehlende Erfahrung oder mangelnden Fähigkeiten der bisherigen Sexualpartner zurück (na, so viele werden das bei den Katholikinnen nicht gewesen sein).

Was aber zeichnet nach Meinung der Psychologen und Sexualwissenschaftler einen guten Liebhaber aus? Antwort: eine ausreichende Penisgröße (damit er überhaupt an den »wunden Punkt« gelangt) sowie genügend Ausdauer und Stehkraft. Diese letzteren Erkenntnisse sind nun nicht besonders neu. Neu hingegen ist sicher, das man (leider nicht jedermann) den weiblichen Spaßfaktor beim Geschlechtsverkehr anscheinend am Gang erkennen kann.

Woran genau aber konnten die »Sexperten« ihre zumeist richtigen Einschätzungen letztendlich festmachen? Der Schlüssel war das Zusammenspiel von Hüftschwung und Schrittlänge, das dem geschulten Blick offenbarte, ob ein freier, nicht blockierter Energiefluss bestand, der von den Beinen über das Becken in die Wirbelsäule verläuft. Seine Existenz kann unter anderem vom individuell unterschiedlichen Körperbau der Frauen abhängig sein. Muskelblockaden im Becken können das Strömen dieses Energieflusses beispielsweise einschränken und damit auch das vaginale

Lustempfinden vermindern – so die Schlussfolgerung des Forscherteams um Studienleiter Brody.

Wie zum Teufel soll aber nun der normalsterbliche Mann ohne Spezialausbildung am simplen Gang der Frauen feststellen, ob die Energie fließt oder nicht? Gegenfrage: Muss er das denn überhaupt? Erstens geht es für das beim Sex nicht besonders zum Altruismus neigende Geschlecht ohnehin erst einmal darum, selber auf seine Kosten zu kommen. Über klitorale oder vaginale Höhepunkte seiner Intimpartnerin freut der Mann sich sicher auch – eher aber doch sein Ego. Unbedingte Voraussetzung für guten Sex sind sie aus seiner Sicht aber nicht. Zweitens bietet sich, um herauszufinden, ob die Auserwählte das Zeug zum vaginalen Orgasmus hat, letztendlich doch eine viel interessantere und anregendere Methode an als die Interpretation der Gangart – nämlich der Praxistest, sprich: Sex! Spätestens dann kann Mann einwandfrei feststellen, ob nicht nur die Gangart der Lady verschärft ist (vorausgesetzt, Frau täuscht den Orgasmus nicht vor).

Geheimnisse (a)symmetrischer »Ohren«

Die Männer führen aber nicht nur beim **Unter**bau der Frauen und dessen **Auf**bau detaillierte Feldstudien durch, auch der **Ober**bau, besonders der **Vor**bau des weiblichen Geschlechts wird gern näher in Augenschein genommen. Und das im Endeffekt natürlich in derselben Absicht wie beim **Hinter**bau – nämlich, um herauszufinden, wie es um die Ausprägung weiblicher Geschlechtsmerkmale und gleichzeitig um die Fruchtbarkeit bestellt ist. Folgende Merkmale des Brustspecks werden vom Mann dabei prüfend unter die Lupe genommen: Form, Größe, Brustwarzen, Gewebe, Elastizität (Schwerkraftwiderstand) etc. (natürlich ist eine Kontrolle fast ausschließlich im entblößten Zustand möglich).

Wenn es dabei unbewusst immer auch um die Sondierung der Fertilität geht, stellt sich die Frage, wie Männer am Vorbau erkennen können, ob seine Besitzerin sich gerade in ihrer empfängnisbereiten Zeit befindet? Antwort: Entweder weil die Frau über Ziehen und Spannen in der Brust klagt oder Letztere erkennbar leicht an Volumen zugenommen hat. Beim ersten Punkt muss Mann auf das Wehklagen hören (was ihm bekanntlich schwerfällt), beim zweiten muss er die Entwicklung des Brustspecks etwas genauer beobachten (was eigentlich zu seinen Lieblingsbeschäftigungen zählt). Wirklich detaillierte Forschungen muss Mann indes betreiben, wenn er einen weiteren kuriosen Tatbestand ausmachen will, an dem die Fruchtbarkeit der Frau erkenntlich ist – nämlich an der Symmetrie ihrer Brüste.

Um diese erstaunliche wissenschaftliche Erkenntnis professionell nachvollziehen zu können, müsste Mann jedoch »in Heimarbeit« an jedem Tag eines gesamten Monatszyklus der Frau jede einzelne Brust abmessen, Veränderungen notieren und natürlich exakt bestimmen, wann der Eisprung stattgefunden hat. Sicher gibt es für Mann in seinem Leben härtere Herausforderungen, aber aufwendig wäre das Ganze schon. Allerdings könnte er seine Erkundungen auch auf die »richtigen« Ohren verlagern, denn auch an deren Symmetriegrad lässt sich scheinbar erkennen, wie es um die Fruchtbarkeit ihrer Besitzerin bestellt ist. Damit aber nicht genug: Sogar das Verhältnis von Ring- und Zeigefinger ändert sich während des Menstruationszyklus. Auch hier ist die Symmetrie dann am größten, wenn das Follikel gerade in den Eileiterorbit katapultiert wurde.

Für diese verblüffenden Ergebnisse zeichnen vor allem zwei Forscher verantwortlich: der Biologe John T. Manning von der University of Liverpool und der Zoologe Randy Thornhill von der University of New Mexico in Albuquerque. Der Erstgenannte konnte die oben aufgeführten Zusammenhänge gemeinsam mit Kollegen in einer Studie mit dem Titel »Asymmetry and the menstrual cycle in woman« nachweisen, die in der Fachzeitschrift *Ethology and Socialbiology* veröffentlicht wurde.

Um eine generelle Asymmetrie zwischen rechtem und linkem Brustvolumen ausfindig zu machen, untersuchte das Forscherteam um Manning 280 Frauen im Alter von 22 bis 40 Jahren, bei denen eine Mammografie durchgeführt worden war. Alle Probandinnen hatten noch keine Menopause, 34 von ihnen hatten in den zwei Monaten vor der Untersuchung noch Verhütungsmittel benutzt. Die Wissenschaftler dokumentierten zudem, in welcher Zyklusphase sich die Frauen jeweils befanden, als die Mammografie bei ihnen durchgeführt wurde. Um eine womöglich vorhandene Asymmetrie festzustellen, wurde die gemessene Größe der rechten Brust von der linken abgezogen (so sollte Jungen Addieren und Subtrahieren beigebracht werden). Anhand dieser Daten konnten die Liverpooler Forscher nun testen, ob die Asymmetriewerte der beiden Brusthälften während des Menstruationszyklus variierten und wann sie sich wie änderten.

Das Ergebnis war, wie es die Wissenschaftler erwartet hatten: Die einzelnen Brüste wiesen in der Tat je nach

Zyklusphase unterschiedliche Volumina auf. Am deutlichsten war die Asymmetrie zu Beginn oder im letzten Drittel des Zyklus (ca. Tag 24) – wenn Frauen generell unfruchtbar sind. Während ihrer äußerst empfängnisbereiten Phase (Tage 14–16) konnte hingegen die größte Symmetrie ausgemacht werden. Kurios: Die Forscher konnten feststellen, dass der Unterschied zwischen beiden Brusthälften direkt vor dem Eisprung, also zwischen Tag 12 und 14 des Zyklus, größer wird. Kommt es dann zur Ovulation, nimmt die Symmetrie jedoch kurzerhand wieder zu. Manning und seine Kollegen schlossen daraus, dass die Männer durch diesen kurzfristig verstärkten Kontrasteffekt in der Symmetrie in die Lage versetzt werden sollen, diesen Unterschied auch wirklich wahrzunehmen, um ihnen zu signalisieren, dass die Dame mit den nunmehr symmetrischen Brüsten gerade extrem empfängnisbereit sei. Herrscht indes ein großes Ungleichgewicht im Volumen, besteht anscheinend keine Gefahr, schwanger zu werden.

Solche Veränderungen und Schwankungen in der Symmetrie des weiblichen Brustspecks konnte auch das internationale Forscherteam um Randy Thornhill dokumentieren. An der Studie, die ebenfalls im Fachmagazin *Ethology and Socialbiology* publiziert wurde, nahmen insgesamt 232 Frauen aus Spanien und den USA teil. Bei den 172 Damen von der Iberischen Halbinsel wurden allerdings keine Mammografien durchgeführt. Stattdessen nahm ein Frauenarzt eigenhändig Maß, um Unterschiede in den Brustvolumina herauszufinden (ein wirklich harter Job!). Bei den 50 US-Girls, die sich eigentlich einer Brustvergrößerung oder -verkleinerung unterziehen wollten, wurde die Asymmetrie anhand von Fotos der Probandinnen bewertet. Alle Teilnehmerinnen mussten zudem Angaben unter anderem über Kinder, Gewicht und Größe machen.

Heraus kam, dass größere Brüste stärkeren Veränderungen in der Asymmetrie unterliegen als kleinere. Überdies konnten die Forscher feststellen, dass Frauen, die mindestens ein Baby zur Welt gebracht hatten, weniger Größenunterschiede aufwiesen als ihre kinderlosen Geschlechtsgenossinnen. Dementsprechend erlaubte die Symmetrie auch Rückschlüsse auf die altersunabhängige Fruchtbarkeit der Probandinnen.

Wann die Empfängnisbereitschaft aber tatsächlich am größten ist, lässt sich – wie bereits erwähnt – auch an Ohren oder Händen ablesen. Zu diesem ebenfalls spektakulären Ergebnis kam einmal mehr besagter John T. Manning, zusammen mit seiner Kollegin Diane Scutt, die auch an seiner anderen oben zitierten Studie beteiligt war. Für die Untersuchung mit dem Titel »Symmetry and ovulation in women« maßen die beiden Forscher die Länge der Ohren sowie des Mittel-, Ring- und kleinen Fingers bei 24 Frauen im Alter von 19 bis 44 Jahren. Veränderungen in der Symmetrie wurden anhand des Längenunterschieds zwischen Mittel- und kleinem Finger berechnet. Wann der Eisprung exakt stattgefunden hatte, konnten die beiden Forscher mittels Sonografie ermitteln.

Das Ergebnis: Auch bei den Ohren und Fingern war die Asymmetrie am Tag des Eisprungs am geringsten. Vierundzwanzig Stunden vor der Ovulation war der Unterschied zwischen rechtem und linkem Ohr sowie zwischen Mittel- und kleinem Finger dagegen bis zu 30 Prozent größer. Sprich: Wie bei den Brüsten konnten auch hier unmittelbar um den Zeitpunkt, wo das Follikel sich auf die »lange«

Reise begibt, die deutlichsten Diskrepanzen ausgemacht werden – und das alles wahrscheinlich wieder nur, damit dem »sehbehinderten« Mann die plötzliche Symmetrie überhaupt auffällt und er somit die Chance hat, den Eisprung wahrzunehmen (Männer merken ja nicht einmal, wenn ihre Frau beim Friseur war – wie sollen sie dann auf so eine »Kleinigkeit« aufmerksam werden?). Zu dieser Studie, die im Fachjournal *Human Reproduction* erschienen ist, bleibt jedoch anzumerken, dass eine Signifikanz wissenschaftlich nicht bewiesen werden konnte.

Die hier vorgestellten Erkenntnisse der Forscher scheinen dennoch den Schluss zuzulassen, dass die »Natur« sich bei den variierenden (A)Symmetrien verschiedener Körperteile der Frauen, wie sie während des Zyklus nachgewiesen werden konnten, schon etwas gedacht hat. Das höchste evolutionäre Ziel jedes Lebewesens ist es ja, sich fortzupflanzen – dies gilt auch für den Menschen. Und wenn der beste Zeitpunkt dafür gekommen ist, sollte Mann diese Gelegenheit nicht verpennen, sondern beim Schopf packen.

Dass ein Argusauge des Mannes nicht nur den Eisprung feststellen, sondern sogar das Leben der Frau retten kann, zeigte das Team um John T. Manning in zwei weiteren Studien. Diese kamen zu dem Ergebnis, dass Frauen mit ausgeprägteren Brustasymmetrien bzw. generell größerem Vorbau eher an Brustkrebs erkranken. Sollte Mann also deutliche Unterschiede entdecken, könnte er zu einer Mammografie raten, die – im schlimmsten Fall – vielleicht gerade noch rechtzeitig durchgeführt wird. Deshalb kann die Devise nur lauten, als Mann weiterhin genau auf den Vorbau der Frauen zu »achten«!

Große Vorteile mit Größenvorteilen

Verbirgt sich hinter dem Stieren des Mannes auf die weibliche Brust somit immer ein guter Zweck (Stichwörter: Brustkrebs-Prophylaxe und Eisprungdetektion)? Zugegeben, nicht jedes Mal! Welchem Zweck soll es beispielsweise dienen, wenn Mann im Beisein seiner Freundin einer anderen Frau offen und schamlos auf den Busen glotzt? »Gut, dass wir verglichen haben!«? Will er seiner Auserwählten, sollte der Vorbau der anderen Dame deutlich größer ausgefallen sein, womöglich eine Brustvergrößerung nahelegen? Was hätte die Frau davon? Sie müsste ihr ganzes Leben diese Silikonimplantate durch die Gegend tragen – würde dafür aber entschädigt werden! Wodurch? Entweder durch mehr Trinkgeld (Voraussetzung: Sie müsste als Bedienung arbeiten) oder durch kostenlose Mobilität. Und das nur, weil sie so große Brüste hat.

Dass »Größenvorteile« tatsächlich von großem Vorteil sein können, verdeutlichte der Psychologe Nicolas Guéguen von der Université de Bretagne-Sud in Lorient Cedex (Frankreich) mit einem skurrilen Experiment. Dazu ließ er eine zwanzigjährige Studentin an einer viel befahrenen Straße Aufstellung nehmen, die als Zufahrt für eine bei Urlaubern beliebte Halbinsel der Bretagne dient. Dementsprechend gilt die Straße auch als idealer Platz für Anhalter, die nach einer Mitfahrgelegenheit auf die Insel Ausschau halten. Genau dies sollte auch die junge Dame tun, die man für das Experiment ausgewählt hatte, weil sie nur durchschnittlich attraktiv war und zudem eine unterdurchschnittliche Oberweite besaß (wurden ihr die Auswahlkriterien auch offen kommuniziert?).

Bei dem relativ kleinen Busen blieb es aber nicht lange. Mittels Klebeband und größerem BH wurde aus einer mickrigen Körbchengröße A entweder ein durchschnittliches B oder ein imposantes C. Damit die verschiedenen Brustgrößen zur Geltung kamen, trug der weibliche »Köder« ein entsprechendes Shirt, das tiefe Einblicke gewährte. Nun brauchte die junge Dame nur noch den Daumen zu recken und abzuwarten. Nach jeweils 100 vorbeigefahrenen Fahrzeugen (und ungefähr 40 bis 50 Minuten) sollte sie den BH wechseln und damit ihre Körbchengröße bzw. das offensichtliche Resultat ändern. Während des vierstündigen Experiments fuhren insgesamt 774 Männer und 426 Frauen an der jungen Dame vorbei. Hielten sie an, wurden sie von der Anhalterin eingeweiht, dass es sich nur um ein Experiment handele (aus Sicherheitsgründen war unweit von ihr ein Aufpasser versteckt postiert, falls sich ein Mann mit dieser überraschenden Erklärung nicht zufriedengeben wollte).

Die Ergebnisse der Studie mit dem einfachen, aber schönen Titel: »Bust Size and Hitchhiking: A Field Study«, die im Fachjournal *Perceptual and Motor Skills* erschienen ist, sollten weder für Männer noch Frauen besonders überraschend sein: Natürlich stoppten die Männer am häufigsten, als die junge Frau Körbchengröße C angelegt hatte. Von insgesamt 250 Fahrern stoppten immerhin 60 (24 Prozent), um der Anhalterin ihr großes Herz zu demonstrieren (so manche wollten insgeheim sicher noch ganz andere Sachen offenlegen). Zwischen Körbchengröße A und B konnte indes nur ein geringer Anstieg verzeichnet werden – genauer: von knapp 15 auf knapp 18 Prozent. Bei den Autofahrerinnen konnte kein Unterschied festgestellt werden: Nicht einmal zehn Prozent sahen sich – egal bei welcher Körbchengröße –

veranlasst, der Studentin eine Mitfahrgelegenheit anzubieten. Die Schlussfolgerung von Guéguen lautete kurz und prägnant: Mit der Brustgröße steigt auch die Hilfsbereitschaft der Männer!

Aber nicht nur deren Hilfsbereitschaft nimmt zu – auch ihre Spendierfreudigkeit wird größer, wenn die Oberweite der Mädels größer wird. Diese Erkenntnis ist natürlich nicht ganz neu. Genau darauf beruht schließlich der Erfolg der Restaurantkette »Hooters«. Die Gründer waren sich von Anfang an der Tatsache bewusst, dass ihre männlichen Geschlechtsgenossen gerne in die Lokale gehen, wo die hübschesten Kellnerinnen arbeiten. Zeigen diese dann auch noch offenherzig, welch üppigen Vorbau sie ihr Eigen nennen, kann ein solches Geschäftsmodell nur erfolgreich sein.

Dass aber nicht nur die männlichen Gäste einen schönen Ausblick genießen können, sondern die Bedienungen, die tiefe Einblicke gewähren, auch von ihrer Freizügigkeit profitieren, konnte der Marketingprofessor Michael Lynn von der Cornell University in Ithaca (New York) belegen. Für seine Studie, die im Fachjournal *Archives of Sexual Behavior* publiziert wurde, befragte er insgesamt 374 Frauen, die zu dieser Zeit als Kellnerinnen arbeiteten oder dies bis vor Kurzem getan hatten. Er wollte von ihnen wissen, für wie attraktiv bzw. sexy sie sich selber auf einer Skala von 1 bis 10 einschätzen würden und wie viel Prozent Trinkgeld sie im Durchschnitt erhalten (hatten). Zudem sollten sie Angaben unter anderem über ihr Alter, ihre Haarfarbe, die Größe und das Gewicht (der BMI wurde daraus errechnet) sowie über ihr Taillen-Hüften-Verhältnis und natürlich die Brustgröße machen. Schließlich sollten sie auf einer Skala von 1 bis 10 bewerten, wie sexy ihre Arbeitsuniform sei.

Das erste Ergebnis dieses Versuchs: Die Probandinnen schätzten ihre körperliche Attraktivität für umso größer ein, je mächtiger ihre Oberweite ausfiel. Mit zunehmendem Alter und Gewicht fanden sich die Bedienungen indes zwar weniger attraktiv, aber immer noch genauso sexy (der Forscher begründete dies mit der sexuellen »Hochphase«, die Frauen Mitte dreißig erleben). Die attraktive Ausstrahlung der etwas reiferen Mädels scheinen auch die männlichen Gäste wahrzunehmen und entsprechend zu goutieren, denn sie gaben den Ü30-Kellnerinnen durchschnittlich mehr Trinkgeld als den jungen Hüpfern. Wenig überraschend ist, dass natürlich auch die Bedienungen mit großem Vorbau kräftig absahnten. Ebenso vermehrt Kasse machten auch Frauen mit blonden Haaren.

Die Schlussfolgerungen für die Bedienungen können daher nur lauten: Haare blond färben und alles offen zeigen, was die gute Stube so hergibt. Sollte das von Natur aus nicht so viel sein, dann empfiehlt es sich, doppelseitiges Klebeband aus dem Baumarkt zu besorgen und alles hoch zu drapieren, was hoch zu drapieren ist. Die männlichen Gäste werden es den Mädels danken, indem sie ihre Spendierhosen anziehen.

Das Dekolleté hingegen aufzurüsten, um die Erfolgschancen auf eine Mitfahrgelegenheit zu erhöhen, ist sicher weniger empfehlenswert – wie es generell keine gute Idee ist, als Frau zu versuchen, per Anhalter voranzukommen. Die Gefahr, dass sie unfreiwillig mehr zeigen muss als die Körbchengröße, ist einfach viel zu groß, falls der männliche Fahrer den Zweck einer spontanen Mitfahrgelegenheit fehlinterpretiert (wenn Mann auf die Brüste einer Frau glotzt, muss sich dahinter also doch nicht immer ein guter Zweck verbergen).

J.Lo's intelligenter Hüftspeck

Bei Jennifer Lopez, Beyoncé Knowles oder Shakira glotzen die Männer hingegen weniger auf die Oberweite (da gibt es auch nicht viel zum Gaffen). Stattdessen werden ausschließlich deren imposante Rundungen am Unterbau ins Visier genommen. Was die Jungs da unten suchen bzw. zu entdecken hoffen, sollte mittlerweile klar sein: Fruchtbarkeit, Fruchtbarkeit, Fruchtbarkeit ...

Genau diese hat J.Lo mit ihren Zwillingen eindrucksvoll unter Beweis gestellt. Wie es hingegen um ihre Intelligenz bestellt ist, darüber lässt sich nur spekulieren. Gute Voraussetzungen, einen Intelligenztest mit Spitzenwerten zu bestehen, würde sie jedenfalls mitbringen, glaubt man einer Studie, die in der hier schon häufig zitierten Fachzeitschrift *Evolution and Human Behavior* veröffentlicht wurde. William Lassek von der University of Pittsburgh und Steven Gaulin von der University of California in Santa Barbara kamen darin zu dem Ergebnis, dass Frauen mit kurvigem Unterleib und dementsprechend mehr Hüftspeck intelligenter sind als ihre dürren Geschlechtsgenossinnen. Damit aber nicht genug – auch der Nachwuchs der unten herum üppig proportionierten Damen profitiert vom wohlgenährten Zustand der Mütter, denn auch er wird dadurch scheinbar klüger.

Zu dieser verblüffenden Erkenntnis gelangten die beiden Forscher, als sie die Daten einer Studie des US National Center for Health Statistics auswerteten. An dieser Untersuchung, die den Gesundheits- und Ernährungszustand der amerikanischen Bevölkerung zwischen 1988 und 1994 dokumentierte, nahmen insgesamt 16 325 Frauen und deren

Sprösslinge teil. Gemessen wurde dabei unter anderem das Taillen-Hüften-Verhältnis (natürlich nur bei den Müttern). Untersucht wurde aber auch die geistige Leistungsfähigkeit der Kinder wie der Erwachsenen. Dies geschah durch kognitive Tests. Bei den Müttern wurde zudem die Anzahl der Ausbildungsjahre berücksichtigt.

Die Auswertung der Daten brachte wirklich Erstaunliches zum Vorschein: Je niedriger das Taillen-Hüften-Verhältnis der Mütter war (ein guter, Fruchtbarkeit suggerierender Wert liegt bei 0,7), desto besser schnitten deren Zöglinge bei den Intelligenztests ab. Doch nicht nur die Kinder konnten aus dem Hüftspeck ihrer Mütter cerebralen Profit schlagen. Auch die Frauen mit ordentlichen Rundungen stellten sich bei den zu lösenden Aufgaben besser an als ihre schmalhüftigen Geschlechtsgenossinnen. Dies galt selbst für Junggebärende im Teenageralter.

Die beiden Forscher vermuten, dass für dieses Phänomen die mittlerweile allseits bekannte Omega-3-Fettsäure (wie sie in fettem Fisch zuhauf vorkommt) verantwortlich ist. Nach Angaben von Lassek und Gaulin enthält besonders der weibliche Hüftspeck viel von dieser mehrfach ungesättigten Fettsäure. Genau diese hat positiven Einfluss sowohl auf die Gehirnentwicklung des Fötus als auch auf die Entwicklung der grauen Zellen der Mutter.

Ein Blick auf den Unterbau einer Frau genügt Mann demnach, um herauszufinden, wie es um ihren Grips – aber natürlich auch um ihre Fruchtbarkeit bestellt ist. Dass dem in der Tat so ist, konnte ein internationales Forscherteam unter Leitung der Anthropologin Grazyna Jasienska von der Jagiellonen-Universität in Krakau nachweisen. Für die Studie, die im Fachmagazin *Proceedings of the Royal Society B* erschienen ist, mussten 119 polnische Frauen (Alter: 24 bis 37 Jahre) während eines kompletten Monatszyklus täglich eine Speichelprobe abgeben. Diese Proben wurden dann von den Forschern auf ihren Gehalt an Progesteron und Östradiol untersucht – diese beiden Hormone sind für eine erhöhte Empfängnisfähigkeit verantwortlich. Sowohl vor Beginn als auch nach dem Ende des Monatszyklus wurde bei den Probandinnen unter anderem der Umfang der Taille, der Hüften sowie der Brust gemessen. Abschließend wurden die Studienteilnehmerinnen in vier Gruppen aufgeteilt – je nachdem, ob sie kleine oder große Brüste bzw. eine schmale oder breite Taille hatten.

Das Ergebnis: Frauen, die beides mitbrachten – imposante Oberweite und eine schmale Taille –, wiesen einen zwischen 26 und 37 Prozent höheren Östradiolwert auf als diejenigen, die sich nur durch ein einziges oder gar kein körperlich stark ausgeprägtes Geschlechtsmerkmal auszeichnen konnten. Der Anteil an diesem Fruchtbarkeitshormon war aber auch dann deutlich verstärkt, wenn die Betreffende »nur« über voluminöse Brüste verfügte. Besaßen die Probandinnen zudem ein niedriges Taillen-Hüften-Verhältnis, lag auch deren Progesterongehalt deutlich höher. Bei Frauen mit großen Brüsten und breiter Taille war dies jedoch nicht der Fall.

Die festgestellten Unterschiede können gravierende Auswirkungen haben: Wie die Biologin Jasienska betonte, sind die Chancen für eine Frau, schwanger zu werden, dreimal größer, wenn sie einen bis zu 30 Prozent höheren Östradiolwert aufweist. Aus Sicht der Evolution ist es demnach durchaus sinnvoll, dass Mann ein besonderes Faible für die sogenannten Barbiepuppen- oder Sanduhren-Figuren hat, suggerieren sie ihm doch ausgeprägte Fruchtbarkeit – und nichts anderes ist für Mann (unbewusst) erst einmal von Bedeutung.

Dieser Punkt mag auch für J.Los – mittlerweile – Ex-Gatten Marc Anthony sicher von nicht geringer Bedeutung gewesen sein, als er sich die hübsche und unten herum üppig ausgestattete Latina angelte. Dass er obendrein noch eine scheinbar wahnsinnig schlaue Frau bekommen hatte, deren Zwillinge wiederum ganz gute Voraussetzungen mitbringen, später den Nobelpreis abzuräumen, war ihm bis dato sicher nicht bewusst.

Bewusst werden hingegen alle anderen Männer weiterhin ausschließlich den runden Unterbau von J.Lo, Shakira und Beyoncé, aber auch das Hinterteil sonstiger Frauen genau unter die Lupe nehmen. Ein besonderes Auge werden die Herren der Schöpfung nach diesen Erkenntnissen natürlich vor allem auf eines werfen – auf den intelligenten Hüftspeck der Damen!

VERHALTEN

Schlichtes Verhalten

Hübsch macht dumm

Von ebendiesem schlau machenden Hüftspeck sollten sich so manche Männer sprichwörtlich eine ganz dicke Scheibe abschneiden. Zu einem solch harschen Urteil muss man kommen, wenn man sich das primitive und von wenig Intelligenz zeugende Balzverhalten mancher Vertreter dieser Gattung anschaut. Damit die männliche Spezies in den Brunftmodus wechselt, genügt ja schon eine unbekannte Schöne, die sie umgibt. Lange dauert es dann meist nicht, bis den begehrlichen, von der Dame jedoch selten erwiderten Blicken die plumpe Anmache folgt, die oft an geistiger Schlichtheit kaum zu übertreffen ist. Wie aber kommt es zu dieser teilweisen Offenbarung verbaler Inkontinenz?

Das wollte auch der Sozialpsychologe Johan Karremans von der Radboud-Universität in der niederländischen Stadt

Nijmegen wissen. Dafür ließen er und sein Forscherteam in einer Untersuchung, die im *Journal of Experimental Social Psychology* erschienen ist, 53 männliche und 58 weibliche Studenten der Universität fünf Minuten mit einem Vertreter des eigenen oder des anderen Geschlechts plaudern. Vor und nach der Konversation mussten die Probanden einen Test am Computer absolvieren, mit dem die Forscher die kognitiven Fähigkeiten überprüfen wollten. Anschließend sollten sie noch angeben, ob sie ihrer Meinung nach während des lockeren Plauschs versucht hätten, den Gesprächspartner zu beeindrucken.

Das Ergebnis spricht Bände: Unterhielten sich die männlichen Studienteilnehmer mit Frauen, schnitten sie danach in den kognitiven Tests deutlich schlechter ab als bei Gesprächen mit ihren Geschlechtsgenossen. Bei den Frauen konnte ein ähnlicher Effekt nicht festgestellt werden. Ihr Denkvermögen war weder durch das Geplauder mit einem Mann noch mit einer Frau beeinträchtigt worden.

Die Forscher konnten außerdem nachweisen, dass Männer, die ihre Gesprächspartnerin nach eigenen Angaben besonders beeindrucken wollten, die schlechtesten Ergebnisse bei den Computertests fabrizierten. Ein solcher Zusammenhang konnte allerdings auch bei den Frauen festgestellt werden – wenn sie mit einem Mann plauderten. Sprachen die Teilnehmer mit Vertretern des gleichen Geschlechts, hatte ein gesteigertes Imponiergehabe hingegen keinerlei Einfluss auf die kognitiven Fähigkeiten. Dass diese vor allem bei attraktiven Konversationspartnerinnen schwächer ausfallen, konnte Karremans in einem weiteren Experiment belegen. Dabei ließ das geistige Potenzial der Männer

umso mehr nach, je anziehender sie ihr weibliches Gegenüber fanden.

Der Sozialpsychologe erklärt die verblüffenden Ergebnisse seiner Untersuchungen mit der begrenzten Leistungs-
und Multitasking-Fähigkeit des männlichen Denkorgans.
Der Versuch, bei einer (attraktiven) Frau Eindruck zu schin-
den, absorbiert einen Großteil der cerebralen Leistungsfähigkeit. Entsprechend schwerer fällt es Männern in solchen
Situationen, Geistreiches von sich zu geben – wie einer der
an der Studie beteiligten Forscher selber erleben musste.
Seine Unterhaltung mit einer attraktiven Dame, an deren
Ende er seine Adresse nicht mehr wusste, da er, wie er ein-
räumte, zu sehr damit beschäftigt gewesen sei, sein weibliches Gegenüber zu beeindrucken, war der eigentliche An-
stoß für die Experimente.

Nach Ansicht von Studienleiter Karremans könnte der
Blackout, der Männer regelmäßig in Gegenwart einer schönen Frau befällt, auch der Grund sein, warum Männer in
Bildungseinrichtungen grundsätzlich die schlechteren Ergebnisse erzielen. Zugespitzt formuliert: Die hübschen Klas-
senkameradinnen und Kommilitoninnen machen die Jungs
dümmer – zumindest zeitweise – und sind dadurch mitver-
antwortlich für deren meist schlechteren Prüfungsnoten
(auf diese Begründung haben männliche Schüler und Studenten schon jahrelang gewartet).

Gleichzeitig wartet die Damenwelt schon seit Jahren darauf, dass Männer sich jede Anmache sparen, soweit sie nicht
explizit dazu aufgefordert wurden (eine Frau signalisiert
ihr Interesse immer mit Blicken). Nach den Erkenntnissen
dieser Studie sollten Frauen künftig aber etwas toleranter
und nachsichtiger sein, schließlich ist es ihre Schönheit, die

Männer reihenweise um den Verstand bringt. Daran könnte wahrscheinlich auch mehr intelligenter Hüftspeck nichts ändern.

Blond macht dumm

Blonden Mädels fehlt es hingegen demnach mächtig an Hüftspeck – glaubt man jedenfalls dem Stereotyp, das besagt, dieser Typus Frau sei zwar hell *auf,* aber nicht unbedingt hell *in* der Birne. Die »Formel« dazu lautete bisher: Blond gleich dumm! Dabei müsste es eigentlich heißen: »Blond macht dumm.«

So könnte man jedenfalls, salopp formuliert, das Ergebnis von Experimenten zusammenfassen, die französische Psychologen der Universität Paris X-Nanterre durchführten. Unter der Leitung von Thierry Meyer mussten bei einem der Versuche 73 Freiwillige (39 Frauen und 34 Männer) unter Laborbedingungen eine Konzentrationsaufgabe absolvieren. Zudem wurde ihr Allgemeinwissen durch Fragen aus dem Spiel Trivial Pursuit getestet. Schließlich wurden einem Teil der Studienteilnehmer Bilder von 30 Schönheitsköniginnen vorgelegt – von denen 21 blond und neun entweder schwarz-, braun- oder rothaarig waren.

Das aberwitzige Ergebnis: Nach Betrachtung der porträtierten Blondinen schnitten die Probanden im darauf folgenden Wissenstest merklich schlechter ab. Dies war aber nicht nur bei den Männern der Fall – auch die Frauen konnten weniger der Trivial-Pursuit-Fragen richtig beantworten, wenn sie zuvor extrem hellhaarige Geschlechtsgenossinnen betrachtet hatten. Bei den Bildern der brünetten, rot- oder schwarzhaarigen Damen trat dieser verblüffende Effekt hingegen nicht auf.

Die Begründung, die der Sozialpsychologe für das kuriose Ergebnis seines doch etwas skurril anmutenden Experiments anführt, hat beinahe schon satirischen Charakter: Er vermutet, dass besonders Männer generell davon ausgehen, Blondinen seien weniger intelligent. Laut Meyer führt das dann dazu, dass sie beim Anblick einer blonden Frau unbewusst die Hirnaktivität reduzieren, um mit ihr kompatibler zu werden. Im *Journal of Experimental Psychology,* wo die Studie veröffentlicht wurde, bezeichnet der französische Wissenschaftler dieses Verhalten als Anpassung an das vermutete Niveau des Gegenübers (das ist doch mal eine schöne Erklärung).

Zwischen blond und dumm gibt es also in der Tat wissenschaftlich bewiesene Zusammenhänge – allerdings andere als vermutet. Frauen mit heller Birne machen demnach Männer nicht ganz helle!

Schöne Belohnung

Männer »verblöden« also scheinbar zeitweilig, wenn sie eine bildhübsche Blondine fixieren – was übrigens ein äußerst angenehmer Vorgang sein kann, der noch verstärkt wird durch die Ausschüttung von Botenstoffen (zum Beispiel Serotonin, Endorphine, Dopamin etc.), die vom sogenannten Belohnungszentrum (unter anderem präfrontaler Cortex) gesteuert werden. Dass dieses beim Mann in der Tat aktiviert wird, sobald er eine hübsche Frau sieht, konnte auch ein amerikanisches Forscherteam um Benjamin Hayden belegen.

Der Neurologe, der an der amerikanischen Duke University in Durham/North Carolina lehrt, ließ bei der Studie, die in der Fachzeitschrift *Proceedings of the Royal Society* publiziert wurde, 20 Männer und 20 Frauen insgesamt 400 unterschiedliche Porträtfotos betrachten, die Vertreter des anderen Geschlechts zeigten. Heruntergeladen hatten die Forscher die Bilder von der Website *www.hotornot.com*. Die abgelichteten Männer und Frauen waren unterschiedlich attraktiv. In verschiedenen Versuchen hatten die Studenten nun die Möglichkeit zu entscheiden, ob sie die jeweiligen Bilder zum Beispiel länger sehen wollten. Das konnte allerdings dazu führen, dass sie damit auf zusätzliches Geld verzichten mussten (je nach Aufgabe erhielten sie ohnehin schon zehn bis 18 Dollar). Wollten sie das gerade gezeigte Foto noch einmal sehen, mussten sie auf der PC-Tastatur eine Tastenkombination drücken.

Das Resultat: Ausschließlich die Männer verzichteten auf zusätzliches Geld, wenn sie dafür die attraktivsten Frauen betrachten durften. Die Forscher konnten anhand der vorher in Aussicht gestellten Belohnung sogar bestimmen, wie viel der jeweilige Frauentyp den Männern exakt wert war: So ließen die Männer sich die längere Betrachtung einer hübschen Frau umgerechnet 45 Cent kosten. Ein durchschnittlich attraktives Mädel wollten sie dagegen weniger genau inspizieren. Deshalb waren die Probanden auch nur bereit, auf weitere 19 Cent an Einnahmen zu verzichten. Die hässlichen Entlein zappten sie hingegen schnell weg und besserten dadurch ihre Kasse um durchschnittlich 7 Cent auf.

Zum Vergleich: Den Frauen war die detaillierte Begutachtung hübscher Männer läppische 5 Cent wert. Bei hässlichen Männervisagen wurden sie sogar zu knallharten Kapitalistinnen: Sie zögerten nicht den Bruchteil einer Sekunde und steckten zusätzliche 18 Cent ein. Die männlichen Studenten verzichteten hingegen nicht nur häufig auf eine zusätzliche Belohnung, sie nahmen auch des Öfteren die umständliche Prozedur auf sich, mittels Tastenkombinationen (Leertaste und gleichzeitiger Druck der Tasten F5, F6, F7, F8 mit nur einem Finger) die Abbildung einer schönen Frau ein weiteres Mal zu sehen.

Die Schlussfolgerung der Forscher aus den Experimenten: Der Mann nimmt doch einiges auf sich oder lässt sogar Geld sausen (und das waren arme Studenten), nur um das Bild einer hübschen Frau noch einmal oder länger betrachten zu können. Sprich: Eine attraktive Dame wirkt scheinbar wie eine Belohnung auf das männliche Gehirn. Nach diesem Wohlgefühl gieren die cerebralen Windungen der Kerle deshalb so oft wie möglich. Es ist fast wie eine Sucht, weshalb der Mann dem Lockruf des schönen Weibes auch nur schwer widerstehen kann. Das lässt er sich – wie hier dokumentiert – auch gerne mal etwas kosten. Der Preis dafür? Sein Geld und sein Verstand!

Blindes Verhalten

Blinde für Barbie

Der Lockruf einer bildhübschen Frau wird aber jene Männer nicht so schnell um Geld und Verstand bringen, die eines nie besessen oder es ihm Laufe der Jahre verloren haben – das Augenlicht! Das soll aber nicht heißen, dass die Mädels sich nicht ruhig für die blinden Jungs nackig machen dürfen. Die sehen dann zwar nicht, was da »Schönes« vor ihnen steht oder liegt – aber Berühren und Anfassen ist ja auch nicht ganz uninteressant.

Interessant wäre es hingegen zu erfahren, welchen Frauentyp Männer bevorzugen, die im Extremfall noch nie eine Frau zu Gesicht bekommen haben. Kurz: Stehen Blinde eher auf Rundungen und Kurven beim weiblichen Geschlecht oder macht sie eine asketisch-burschikose Figur mehr an? Von dem jeweiligen in Medien und Werbung propagierten Schönheitsideal sind solche Männer ja völlig unbeeinflusst. Was also finden beispielsweise Stevie Wonder oder Andrea Bocelli erregend und sexy an einer Frau?

Eine ähnliche Frage hat sich ein niederländisches Forscherteam um den bereits erwähnten Sozialpsychologen Johann Karremans von der Radboud-Universität im niederländischen Nijmegen gestellt. Die Antwort findet sich in der Studie »Blind men prefer a low waist-to-hip ratio«, die in der Fachzeitschrift *Evolution and Human Behavior* publiziert wurde. An der Untersuchung nahmen 19 Männer im Alter zwischen 27 und 72 Jahren teil, die von Geburt an blind waren. Als Kontrollgruppe dienten zusätzlich noch

38 Freiwillige männlichen Geschlechts. 19 von ihnen wurden bei dem Experiment die Augen verbunden, die restlichen 19 konnten sehen, was ihnen vorgesetzt wurde.

Die blinden Männer und diejenigen mit verdeckten Augen sollten in dem Versuch an zwei Puppen Hüften und Taille ertasten. Der Trick: Die mit körperbetonter Kleidung angezogenen Puppen hatten jeweils ein unterschiedliches Taillen-Hüften-Verhältnis. Bei der einen lag es bei 0,7, bei der anderen bei 0,84. Danach sollten beide Gruppen die Attraktivität der künstlichen Frauen auf einer Skala von 1 bis 10 beurteilen. Das Gleiche sollten auch die restlichen 19 Probanden tun – nur mit dem Unterschied, dass sie ihr Augenlicht behalten, somit die Puppen nicht begrapschen, sondern ausgiebig betrachten durften.

Das Ergebnis: Erwartungsgemäß zeigte die Gruppe der Männer, welche die Puppen anschauen durften, erkennbare Präferenzen für die Figur mit dem geringeren Taillen-Hüften-Verhältnis von 0,7. Das taten aber auch die von Geburt an Blinden und die Probanden, denen man die Augen verbunden hatte.

Für die Wissenschaftler um Studienleiter Karremans lautete die Schlussfolgerung, dass die Bevorzugung einer kurvigeren, weiblichen Figur, wie sie bei vielen Männern, deren Augenlicht einwandfrei funktioniert, festzustellen ist, nicht primär auf die Darstellung eines solchen Schönheitsideals in den visuellen Medien zurückzuführen ist. Im Umkehrschluss würde dies bedeuten, dass das Faible für eine Barbiepuppen- oder Sanduhren-Figur angeboren wäre – so auch die Mutmaßung der Forscher.

Die drei an der Studie beteiligten niederländischen Psychologen weisen jedoch darauf hin, dass der Augenschein den Hang zu einer s-förmigen Silhouette noch verstärkt.

Fazit: Blinde Männer müssen also notgedrungen nicht nur auf die inneren Werte einer Frau achten, sie können anhand der äußeren Kurven auch deren Attraktivität beurteilen. Die Voraussetzung dafür: Sie sollten Hand anlegen dürfen. Dann wird höchstwahrscheinlich zum Vorschein kommen, dass blinde Männer, wie zum Beispiel Stevie Wonder oder Andrea Bocelli, eine Gemeinsamkeit mit kleinen Mädchen aufweisen: Auch sie stehen nämlich auf Barbie!

»Sex sells«

Aber auch Männer mit einwandfrei funktionierendem Sehorgan stehen – wie in der vorherigen Studie dargelegt – auf eine Barbie-Puppen-Figur. »Gefährlich« könnte es allerdings werden, wenn sich eine Frau mit entsprechender Silhouette vor visuell nicht eingeschränkten Kerlen im entblätterten Zustand zeigt – und das nicht mal leibhaftig, sondern nur auf einem Plakat. Warum gefährlich? Ganz einfach, weil Männer offenbar eine kuriose Schwäche besitzen, die sich die Damen gnadenlos zunutze machen können: Sie sind blind für überhöhte Preise, wenn die Werbung, die das Produkt anpreist, mit nackten Tatsachen arbeitet.

So jedenfalls lautet die Quintessenz der Studie eines belgischen Forscherteams, die unter der Leitung des Marketingprofessors Luk Warlop von der Université Catholique de Louvain durchgeführt wurde. An den zwei Experimenten der Untersuchung, die im *Journal of Consumer Research* erschienen ist, nahmen insgesamt 109 männliche heterosexuelle Studenten teil. Im ersten Versuch bekamen 42 von ihnen auf einem PC-Bildschirm 15 Werbebilder angezeigt, auf denen entweder Landschaften oder spärlich bekleidete Frauen zu sehen waren. Deren Attraktivität sollten sie auf einer Skala von −3 bis +3 bewerten.

Beim zweiten Experiment, an dem 67 Männer teilnahmen, wurde es haptischer: Die Probanden sollten unter anderem die Farbe und Qualität von acht T-Shirts oder acht unterschiedlichen BHs beurteilen, die sie in die Hand bekamen (ohne Inhalt ist das natürlich nur halb so spaßig). Danach sollten die Teilnehmer beider Versuche angeben, wie viel Geld sie später (in einer Woche oder einem Monat) verlangen würden, damit sie jetzt sofort auf 15 Euro Bargeld verzichteten.

Das Ergebnis: Die Männer, die nackte Frauenhaut zu Gesicht bekommen hatten, zeigten keine große Geduld und keinen Sinn fürs Geschäftliche. Sie wollten lieber jetzt 15 Euro haben als später eine von ihnen ins Spiel gebrachte, deutlich höhere Summe. Diesen als Ersatz vorgeschlagenen, aber erst später auszuzahlenden Betrag setzten die Probanden merklich höher an, wenn sie statt eines T-Shirts einen Büstenhalter zum Greifen bekamen.

In einem weiteren Experiment konnten die belgischen Wissenschaftler zudem nachweisen, dass dieser Effekt nicht ausschließlich beim schnöden Mammon seine Wirkung zeigte. Die Männer, die BHs inspizieren sollten, verhielten sich ähnlich, auch wenn ihnen nur Schokoriegel oder Limonade als Belohnung in Aussicht gestellt wurde.

Aus den Ergebnissen der Versuche folgerten die drei Wissenschaftler, dass Männer verstärkt zu eventuell kostspieligen Spontankäufen neigen, wenn sie viel nackte Haut sehen.

Die Forscher vermuteten aber, dass dieser Effekt nicht nur bei Männern auftritt. Ihrer Ansicht nach würden wahrscheinlich auch Frauen auf Bilder von knapp bekleideten Männern mit einer Veränderung ihres Konsumverhaltens reagieren. Allerdings müsste beim weiblichen Geschlecht der sexuelle Reiz eher über Berührungen als über das Auge erfolgen.

Dass Männer bereits bei visuellen Reizen in Form von nackter weiblicher Haut die Fähigkeit verlieren, klug und geschickt mit Geld umzugehen, hatte der an der vorherigen Studie beteiligte Psychologe Siegfried DeWitte schon mehr als zwei Jahre zuvor nachweisen können. Bei der Untersuchung, die im Fachmagazin *Proceedings of the Royal Society B: Biological Sciences* veröffentlicht wurde, durchliefen 176 männliche Probanden in drei Experimenten dasselbe Prozedere wie oben: Entweder wurden ihnen halb nackte Frauen bzw. Landschaften präsentiert, oder sie durften mit T-Shirts respektive BHs vorliebnehmen. Einen Unterschied gab es jedoch: Bei einem Versuch wurden ihnen außerdem Bilder von siebzigjährigen, vollständig bekleideten Frauen gezeigt. Danach sollten die Probanden ein Wirtschaftsspiel absolvieren, bei dem es um die Aufteilung von 10 Euro unter zwei Wettbewerbern ging. Zudem wurde bei den Studienteilnehmern an der rechten Hand das Verhältnis von Zeige- zu Ringfinger gemessen, das im Allgemeinen Aufschluss über die Testosteronproduktion gibt.

Das nicht besonders überraschende Ergebnis: Spieler, die zuvor spärlich bekleidete Frauen zu sehen bekamen oder sich intensiv mit Büstenhaltern beschäftigen durften, ließen sich von ihren Gegnern, die nur schnöde Landschaften betrachtet oder ein T-Shirt auf seine Qualität getestet hatten, deutlich öfter über den Tisch ziehen als umgekehrt. Dies war verstärkt vor allem bei denjenigen der Fall, deren gemessene Fingerlängen auf einen erhöhten Testosteronspiegel hindeuteten.

Fazit: Männer sollten sich in Acht nehmen! Werden sie visuell mit abgebildeten nackten Tatsachen konfrontiert, verlieren sie offenbar ihr Strategie- und Kalkulationsvermögen in Sachen Geld. Sie sind dann nicht vor Spontankäufen gefeit und werden leichter Opfer von Wucherpreisen. Diese kapitale Schwäche können sich jedoch die Mädels zunutze machen. Für sie gilt es, ihre Männer nun immer mitzunehmen, wenn sie zu Palmers oder Agent Provocateur gehen. Sie brauchen ihren Mann dort dann nur vor die reizvollen Plakate zu stellen oder ihm gezielt ein paar Büstenhalter zur Qualitätsprüfung in die Hand zu geben, und schon verlieren die Herren der Schöpfung jegliches Gefühl für die überhöhten Preise der beiden Labels und kaufen ihrer Herzensdame diese teuren Dessous. Womit eines wieder eindrucksvoll, aber auf seltsame Art und Weise belegt wäre: Sex sells – zumindest gilt das bei Männern!

Blinde Eifersucht

Dennoch werden Frauen die Wahrheit dieses altbekannten Verkaufsslogans bei ihren Männern wohl nur ungern auf die Probe stellen. Sprich: Wahrscheinlich wird Frau entweder ihren Typen beim Dessouskauf nicht mitnehmen (das ist ohnehin Frauensache) oder ihm wird subtil Fehlverhalten angekreidet (»*Hier* bin ich!!!«), sollte er beispielsweise eine Gedenkminute vor dem Plakat der sich räkelnden Models von Palmers einlegen. Nein, das Risiko, mit den makellosen Körpern der Models verglichen zu werden und dabei vielleicht schlecht wegzukommen, will Frau nicht in Kauf nehmen, nur damit er blind für die überhöhten Preise wird und ihr alles kauft, was sie gerne hätte. Die Frau scheut aber nicht nur den Vergleich, sondern vor allem das Aufkeimen eines unguten Gefühls – das der Eifersucht! Und diese macht bekanntlich blind.

Dass Eifersucht allerdings nicht nur sprichwörtlich »blind« macht, sondern tatsächlich das Sehvermögen einschränkt, konnte ein Team von Wissenschaftlern um den Psychologen Steven B. Most von der University of Delaware anhand eines Experiments illustrieren – und zwar bei Frauen! 52 von ihnen nahmen zusammen mit ihrem männlichen Partner an dieser im Fachjournal *Emotion* erschienenen Studie teil. Die Partner, von denen jeweils einer an der besagten Universität Psychologie studierte, wurden dabei nebeneinander vor zwei unterschiedlichen PC-Bildschirmen platziert – nur getrennt durch einen Vorhang. Die Frauen sollten aus einer raschen Abfolge von Bildern (darunter Fotos, die Gewalt gegen Menschen oder Tiere zeigten) immer die Landschafts- oder Architekturaufnahmen heraussuchen und angeben, ob das Bild um 90 Grad gegen oder mit dem Uhrzeigersinn gedreht worden war. Ihre Männer hatten hingegen zuerst eine leichtere Aufgabe: Sie sollten die Attraktivität verschiedener Landschaftsbilder auf einer Skala von 1 bis 9 bewerten.

Der Versuchsaufbau der männlichen Probanden änderte sich jedoch im Laufe des Experiments; sie sollten später anstatt der Landschaftsbilder die Attraktivität von anscheinend alleinstehenden Kommilitoninnen beurteilen. Dass die Aufgabe ihrer Partner sich nun für diese durchaus interessanter gestaltete, bekamen auch die Teilnehmerinnen mit. Bei ihnen blieb es indes beim Erkennen von Landschaften bzw. Gebäuden und deren Drehrichtung. Am Ende des Experiments wollten die Forscher von den Studentinnen noch wissen, ob sie sich unwohl gefühlt hätten, als ihr Partner dazu überging, die Attraktivität ihnen wahrscheinlich bekannter Frauen einzuschätzen (wobei die Bilder tatsächlich aus dem Internet stammten).

Wie nicht anders zu erwarten, war es ihnen deutlich angenehmer, wenn ihr Partner sein Auge nur auf Landschaften oder Gebäude richten musste. Frauen, denen es besonders gegen den Strich ging, dass ihr Partner Kommilitoninnen bewerten sollte, verfehlten bedeutend häufiger das ausgegebene Ziel, die Landschaftsaufnahmen auszuwählen und ihren Drehungsgrad zu bestimmen. Dieser Effekt zeigte sich vor allem, wenn kurz zuvor Bilder von Gewalt eingespielt worden waren. Beides zusammen – negativ belegte Fotos und aufkeimende Eifersucht – hatte also zur »emotional ausgelösten« Blindheit vor allem der misstrauischen Probandinnen geführt, wie sie mittels des Reaktions- und Wahrnehmungstests festgestellt werden konnte.

Sollte Frau also zur extremen Eifersucht neigen, würde es sich in der Tat empfehlen, den Göttergatten eben nicht mit zum Dessous-Shopping zu nehmen, um nicht Gefahr zu laufen, vor lauter Misstrauen so schlecht zu sehen, dass Farbe, Größe oder gar der Preis nicht erkannt werden. Hält sich ihre Eifersucht hingegen in Grenzen kann er ruhig beim Kauf behilflich sein. Solange sie nicht mit verstörenden Bildern oder Situationen konfrontiert wird (ihr auf Unterwäschemodels starrender Freund zählt nicht dazu), die bei ihr negative Emotionen auslösen, wird sie ihr visuelles Wahrnehmungsvermögen uneingeschränkt behalten. Und das sicher auch, wenn ihr Partner in den Geschäften von Palmers oder Agent Provocateur kurz die Augen von ihr lässt, um die leicht bekleideten Damen auf den Plakaten zu bewundern (es sind nur Bilder!). Wegen seiner temporär eingeschränkten Kalkulationsfähigkeiten kann sie immerhin damit rechnen, von ihm ein besonders schönes Stück spendiert zu bekommen. Da drückt Frau dann gerne mal beide Augen zu – und ist somit tatsächlich kurzzeitig blind!

Stutenbissigkeit

Weder ein Auge noch beide Augen drücken die Mädels hingegen zu, wenn ihr Typ einer anderen Leibhaftigen hinterherschaut. Ganz im Gegenteil: Da werden die Augen aufgerissen, und ihr eventuell zukünftiger Ex-Freund erntet ein paar böse Blicke (wenn diese töten könnten …). Aber nicht nur er – auch die Dame, die seine Aufmerksamkeit erregt hat, wird häufig in einer Art gemustert, die von Neid, Missgunst, Eifersucht und im Extremfall von Verachtung zeugt.

Flaniert ein durch sein äußeres Erscheinungsbild Aufsehen erregendes weibliches Exemplar beispielsweise an einem Straßencafé vorbei, veranlasst das meist die übrige Damenwelt, die ebenfalls aufmerksamer Zeuge dieses Spektakels wird, spontan dazu, eine überkritische Jury – ähnlich der von »Germanys Next Top Model« – zu bilden: »Wenn sie schon solche hohen Hacken tragen muss, dann sollte sie auch drin laufen können!« – »Der Rock ist aber ganz schön kurz!?« – »So eine enge Jeans bei so einem Hintern!?« – »Die Brüste sind doch gemacht!?« – »Bei den Einblicken, die die gewährt, kann sie doch gleich oben ohne gehen!« – sind dann nur einige der bösen Kommentare, die den weiblichen Juroren eventuell durch den Kopf gehen oder die sie ihrer Freundin zuflüstern. Die vorbeidefilierende Dame wird also gerne auf mögliche Mängel hin inspiziert und letztendlich meist schlechter gemacht, als sie wirklich ist. Die Diagnose für ein solches Verhalten ist schnell gestellt. Sie lautet: Stutenbissigkeit! Ein gewiss nicht ganz neues Phänomen. Relativ neu ist hingegen, dass dieses Madigmachen der weiblichen Konkurrenz in einer speziellen Phase des Monats verstärkt festzustellen ist – nämlich während der fruchtbaren Tage.

Zu diesem Ergebnis kommt jedenfalls eine kanadische Forscherin in einer Untersuchung, die in der Fachzeitschrift *Proceedings of the Royal Society: Biology Letters* veröffentlicht wurde. Für die Studie bat die Psychologin Maryanne L. Fisher von der York University in Toronto 57 Frauen und 47 Männer darum, die Attraktivität 35 weiblicher und 30 männlicher Gesichter, die ihnen auf einem Computerbildschirm gezeigt wurden, auf einer Skala von 1 bis 7 zu bewerten (die Männer dienten allerdings nur als Vergleichsgruppe). Die teilnehmenden Studentinnen mussten zuvor angeben, in welcher Zyklusphase sie sich gerade befanden. Die Probandinnen wurden dann anhand der Angaben in zwei Gruppen aufgeteilt: 16 Frauen, die während des Experiments ihre fruchtbaren Tage und einen entsprechend erhöhten Östrogenspiegel hatten, und 41 Frauen, deren Empfängnisfreude zyklusbedingt gering war – genauso wie ihr Hormongehalt!

Das Resultat war verblüffend: Die fertilen Probandinnen mit hohem Östrogenspiegel schätzten weibliche Gesichter in der Tat weniger attraktiv ein als ihre zu diesem Zeitpunkt nicht empfängnisfreudigen Geschlechtsgenossinnen. Auf die Beurteilung der männlichen Konterfeis hatte die weibliche Zyklusphase jedoch keinen weiteren Einfluss. Anzumerken bleibt, dass beide Geschlechter die weiblichen Physiognomien generell als attraktiver bewerteten, das heißt, auch die momentan zeugungsfähigen Teilnehmerinnen fanden ihre »Konkurrentinnen« immer noch hübscher als die männlichen Exemplare.

Fisher sieht im Verhalten der fruchtbaren Frauen eine Strategie im Wettbewerb um die Männer. Sie werten ihre potenziellen Konkurrentinnen unbewusst ab, um selber in einem besseren Licht zu erscheinen (ob das immer funktioniert?). Das machen sie vor allem dann gerne, wenn es wirklich darauf ankommt – während der fruchtbaren Tage. Da erreicht die Stutenbissigkeit scheinbar ihren absoluten Höhepunkt.

Deshalb muss gelten: Alleinstehende Frauen sollten niemals gemeinsam um die Häuser ziehen, wenn einige von ihnen gerade ihren Eisprung haben. Trifft die Horde womöglich auf nur zwei für sie interessante Mannsbilder, könnte das zu einem ungesunden Konkurrenzkampf führen, der einen Abwertungswettbewerb zwischen den Frauen auslöst. Da bleiben im schlimmsten Fall auch mal lang gehegte Freundschaften auf der Strecke. Eine ideale Voraussetzung für harmonische Freundschaften unter alleinstehenden Frauen wäre demnach ein zeitlich divergierender Menstruationszyklus. Dadurch wäre sicher die Gefahr geringer, sich im Rausch der Hormone gegenseitig an die Gurgel zu gehen.

Aber ob sie nun ovulieren oder nicht – eines werden sie in jeder Zyklusphase sicher beibehalten: das Lästern über das äußere Erscheinungsbild fremder Geschlechtsgenossinnen. So etwas verbindet – was der gleichzeitige Eisprung und die damit verstärkt aufkeimende Stutenbissigkeit allerdings ganz schnell wieder trennen kann.

Resümee

Egal, wie sehr letztendlich die vielen skurrilen und verblüffenden Erkenntnisse der Wissenschaft das Großhirn der Leser aktiviert haben – das ein oder andere hier vorgestellte Studienergebnis mag eventuell nicht mehr ganz präsent sein. Deshalb sollen zumindest die Quintessenzen der Forschungen noch mal kurz, knapp, aber möglichst amüsant zusammengefasst werden, um dann abschließend die hier dargelegten Erkenntnisse aus den weltweiten Laboren einer kritischen Bewertung zu unterziehen und auf Einschränkungen hinzuweisen.

Nochmals wurde hingegen in der letztzitierten Untersuchung darauf hingewiesen, dass Frauen während ihrer fruchtbaren Tage sprichwörtlich nur mit Vorsicht zu genießen sind (während ihrer Periode sind sie allerdings auch nicht unbedingt vergnügungssteuerpflichtig). Zum Zeitpunkt des Eisprungs produzierte Intimsekrete führen aber anscheinend trotzdem dazu, dass der Mann jegliche Vorsicht fahren und sich von den fertilen Damen extrem betören lässt. Die Folge: Er verliert mal wieder temporär den Verstand – und sein Geld. Letzteres verteilt er zum Beispiel großzügig an Stripperinnen, bei denen gerade ein Follikel auf dem Weg ist. Woran das liegt? Vielleicht an den symmetrischen Brüsten und Ohren, welche die Nacktänzerinnen in dieser Zyklusphase vorweisen können? Auf den Hüftschwung, der normalerweise während der fruchtbaren Tage geringer ist, kann das generöse Verhalten der Männer indes nicht plausibel zurückgeführt werden. Denn in welcher Phase ihres Menstruationszyklus sich die Tänzerinnen auch immer befinden – die Hüften werden immer kräftig geschwungen.

Sollten die Stripperinnen neben ihren tänzerischen auch über gesangliche Fähigkeiten verfügen, wäre es für sie durchaus ratsam, während der Ovulation die Choreografie mit Gesangseinlagen zu bereichern. Dank der zu dieser Zeit erhöhten Stimmlage werden sie in höchsten Tönen trällern können – und damit eventuell doppelt abkassieren. Dabei besteht natürlich die Gefahr, dass Frau mit ihrem komplexen Sprachorgan die Aufnahme- und Verarbeitungskapazität des männlichen Gehirns deutlich überfordert – und er notgedrungen auf Durchzug schaltet. Die verringerte geistige Leistungsfähigkeit merkt man ihm spätestens an, wenn er die Stripperin für ein Gespräch zu einem sehr teuren Glas Champagner einlädt. Dann schaltet er in den Balzmodus und redet vermehrt dummes Zeug.

Ist die Balz des Mannes trotz verbaler Inkontinenz von Erfolg gekrönt, zeigt er jedoch weitere geistige Defizite. Bemerkbar machen sich diese in Form mangelnder Fähigkeiten, seine verflossenen Liebschaften zu rekapitulieren. Das mag im einen oder anderen Fall natürlich auch an der unüberschaubar großen Anzahl beglückter Damen liegen.

Besonders viele Frauen dürfen offenbar weniger intelligente Männer beglücken, das heißt, sie sind promisker als ihre schlaueren Artgenossen. Das Gleiche gilt auch für weniger kluge Mädels. Mangelnde Intelligenz wird ja vor allem blonden Frauen nachgesagt. Dass die hellhaarigen Damen aber nicht unbedingt dumm sein müssen, sie jedoch die Kerle mit ihrer Erscheinung verblöden lassen, konnte mit einem skurrilen Experiment belegt werden. Bei der brünetten Jennifer Lopez sollte es demzufolge nie der Fall gewesen sein, dass sie ihren Ex-Mann Marc Anthony um den Verstand gebracht hat. Den Verstand sollten stattdessen ihre beiden Zwillinge aufweisen können, denn ihre Mutter hat viel an Omega-3-Fettsäuren im Hüftspeck konserviert, die angeblich intelligenzfördernde Wirkung entfalten.

Die Mädels würden sicher dafür plädieren, dass ihre Jungs viele dieser Fettsäuren täglich aufnehmen, sollten sie sich der Tatsache bewusst werden, dass generell Menschen mit einem geringeren IQ öfter fremdgehen. Die gesteigerte Intelligenz würde sich bei den Männern aber auch im Schritt bemerkbar machen – und zwar in Form einer besseren Samenqualität. Das behauptet jedenfalls eine hier dokumentierte Studie. Das qualitativ hochwertigere Ejakulat der schlauen Kerle sollte sie für die Damenwelt natürlich äußerst interessant machen – und das auch mal nur für eine Nacht. Sollten liierte Männer sich auf einen One-Night-Stand mit einer Unbekannten einlassen, könnten sie immerhin darauf hoffen, dass ihre Lebensgefährtin nicht dahinterkommt – vorausgesetzt, sie stellen sich nicht dumm an. Umgekehrt bekommen Männer es eher mit, wenn ihre Partnerin ihnen untreu wird. Sie selber neigen hingegen eher dazu, ihre Frau zu hintergehen, wenn diese mehr verdient als sie.

Sollte der Mann hingegen sehr viel Geld verdienen, wird er das höchstwahrscheinlich auch mit deutlich sichtbaren Statussymbolen, wie beispielsweise teuren Autos, kundtun. Dass er mit kostspieligen Fahrzeugen bei der Frauenwelt in der Tat besser ankommt, legen die Ergebnisse gleich zweier Studien nahe. Investiert er einen Großteil seines Geldes direkt in die Frauen, sprich: zieht er die Spendierhosen an, macht sich das noch mehr bezahlt, und zwar in Form von Naturalien – also: Sex! Mit dabei demonstrierten nackten Tatsachen lässt sich – nach dem Motto: »Sex sells« – überdies der Verkauf fördern, wie eine Studie darlegen konnte. Wenn sich Frauen also ausziehen – und sei es nur auf dem Plakat –, zieht er im Gegenzug wiederum leichter die Spendierhosen an (ein einziger Teufelskreis!). Die Großzügigkeit macht sich für den Mann aber auch in Bezug auf die Quantität bezahlt: Er hat dann nämlich häufiger Sex mit verschiedenen Frauen. Wie das sein kann? Die Frauen geben selbst darauf die Antwort, indem sie ihre Motive offenlegen. Dabei gestehen sie, dass das Finanzielle durchaus eine Rolle spielen kann.

Eines allerdings können Männer sich mit Geld nicht erkaufen – den weiblichen Orgasmus. Der hängt, zum Glück für die armen Schlucker, nicht von der Größe des Portemonnaies ab, sondern höchstwahrscheinlich von der Existenz des G-Punktes. Laut einer Studie besitzen jedoch 70 Prozent der Frauen dieses sagenumwobene Lustzentrum überhaupt nicht. Da bringt es dann auch nichts, wenn sie die ganze Zeit hohe Schuhe tragen, um ihre Beckenbodenmuskulatur zu trainieren, der ein Einfluss auf die Orgasmusfähigkeit nachgesagt wird. Wie es um die weibliche Libido steht, werden die Männer aber spätestens dann einschätzen können, wenn die Frauen mit ihren Stilettos oder High Heels an ihnen vorbeidefilieren. Denn offenbar lässt sich am Gang ablesen, ob Frau zum vaginalen Höhepunkt fähig ist.

Sollte sie nicht imstande sein, das größte kurzweilige Glück zu verspüren, dann könnte Frau sich mit einem Mittel trösten, das zumindest fröhlicher stimmen soll – mit Sperma! Diesem wird jedenfalls nachgesagt, bei den Mädels depressive Zustände verhindern zu können – und das ganz einfach durch vaginale oder orale Aufnahme.

Die Samenflüssigkeit macht aber scheinbar nicht nur fröhlicher, sie hält auch jung, wie Versuche ergaben. Deshalb sollte die Frau den Mann anspornen, viel von diesem angeblichen Jungbrunnenelixier zu produzieren. Wie Frau dabei behilflich sein kann? Indem sie »Gourmet Sex« mit ihrem Mann praktiziert. Dann läuft seine Samenzellenfabrikation auf Hochtouren. Grundvoraussetzung für diesen Sex: Frau muss geil sein – was sie aber öfter nicht ist (oder sie ist sich dieses Erregungszustands einfach nicht bewusst). In diesem Fall kann der Mann Abhilfe leisten! Wie? Ganz einfach, indem er seine Herzensdame an seiner Achselhöhle schnuppern lässt. Der Schweiß könnte als wahres Aphrodisiakum wirken – schenkt man der entsprechenden Untersuchung Glauben. Unzweifelhaft ist hingegen die Methode, wie frau den Mann scharfmacht – indem sie offen demonstriert, wie viel »Holz sie vor der Hütt'n« hat. Aus diesem Exhibitionismus kann sie aber auch selber sprichwörtlich Kapital schlagen – zum Beispiel in Form von höheren Trinkgeldern oder durch kostenlose Mobilität.

Frau ist aber ebenso imstande, auf etwas subtilere Art und Weise den Mann heiß wie Frittenfett zu machen – durch ihre Stimme! Ist diese außergewöhnlich hoch, ist das für ihn unbewusst ein Zeichen von Fruchtbarkeit, was ihn anturnt. Die Frau hingegen weniger, denn sie weiß um die Gefahr, dass die potenzielle Rivalin mit der hohen Tonlage ihr den Mann abspenstig machen könnte. Vielleicht besteht aber überhaupt keine Gefahr, da die Dame sich als ziemlich prüde herausstellt – was der Mann alleine schon an der weiblichen Stimme erkennen kann. Diese verrät anscheinend, wie promisk und sexuell aktiv diejenige ist.

Was aber bringt die erotischste Stimme, wenn erstens ihre Trägerin generell als nicht anziehend empfunden wird und zweitens die Libido schwächelt? Dann kann nur eines helfen – Salz! Das darf nicht nur aus geschmacklichen Gründen in keiner Suppe fehlen. Es bringt auch die Libido auf Trab und führt dazu, dass man sein Gegenüber als sexuell attraktiver empfindet.

Die meisten Männer würden demnach den Ober wohl kaum um den Salzstreuer bitten, wenn sie mit Heidi Klum zu Tisch wären. Von ihr müsste man allerdings annehmen, dass sie jedes Essen mit ihrem Schnulzenbarden Seal kräftig nachwürzen muss, um ihn anziehend zu finden. Aber die unterschiedliche Attraktivität ist wahrscheinlich das Geheimnis ihres Beziehungserfolgs. Ergo: Der Mann muss nicht unbedingt schön sein, damit er eine harmonische und intakte Beziehung führt bzw. bei den Frauen gut ankommt. Seal hat das eindrucksvoll unter Beweis gestellt, ist seine Liste an Models, die er vor Heidi beglücken durfte, doch relativ lang. Vor allem aber haben die bildhübschen Damen wahrscheinlich *ihn* beglückt. Der Mann ist sicher seit Jahren dauerhigh. Die Ursache: Wunderschöne Frauen aktivieren bei Männern das Belohnungszentrum. Sollten diese sich partiell entkleiden, werden bei den Kerlen hingegen Gehirnareale aktiviert, die auch »aufleuchten«, wenn sie das Werkzeugsortiment ihres nahe gelegenen Baumarkts in Augenschein nehmen. Die Männer wollen die Frauen also »bearbeiten« – sprich: Sie wollen Sex mit ihnen!

Was aber ist eigentlich Sex und wo fängt er an? Das scheint reine Definitionssache zu sein. Die Amerikaner und ihr früherer Präsident Bill Clinton haben dazu ganz eigene Auffassungen. Die wichtigste Erkenntnis ist sicher die Unterscheidung zwischen aktivem und passivem Oralverkehr. Beide Spielarten bergen allerdings gewisse Risiken in sich – und zwar in Form von Mund- oder Rachenkrebs. Dennoch gibt ein englischer Experte für Jugendliche bezüglich Sex die Devise aus: Je früher, desto besser. Dieser Ratschlag soll indes weniger der Krebs-, sondern mehr der Schwangerschaftsprophylaxe dienen. Vorsorge im Hinblick auf die Gefahr, an Prostatakrebs zu erkranken, betreiben die Männer hingegen aktiv bei jeder Ejakulation – wobei sich die Wissenschaft da nicht ganz einig ist. Einig wären sich Männer hingegen schon, dass es sich dabei um eine doch sehr angenehme Form von Krebsprophylaxe handeln würde.

Damit Männer viele Ejakulationen haben und dadurch eventuell die Entstehung eines Prostatakarzinoms verhindern, muss es ihr Ziel sein, so häufig wie möglich den Koitus zu vollziehen. Der muss – und *soll* aus wissenschaftlicher Sicht – nicht länger als 13 Minuten dauern. Das sollte für die Ejakulation und somit die Krebsvorsorge genügen. Um aber das Maximum an Prophylaxe betreiben zu können, muss der Mann natürlich eines sein – allzeit bereit!

Dass er das in der Tat ist, konnte ein skurriles Experiment belegen. Besonders große Bereitschaft zum Vollzug des Geschlechtsverkehrs zeigen hingegen etwa 30 Prozent der Männer. Zurückzuführen ist dies wahrscheinlich auf eine genetische Mutation, die bei ihnen zu einer extrem großen Libido führt.

Die Libido der Frauen können die Jungs indes stimulieren, indem sie im Haushalt mit anpacken. Das macht Frau anscheinend zufriedener, sodass sie häufiger befriedigt werden will. Sexy finden es Frauen allerdings auch, wenn der Mann vor ihren Augen Tränen der Trauer vergießt, beispielsweise beim Abstieg seiner favorisierten Fußballmannschaft. Dann wissen sie auch, wie sie ihn am besten trösten können – natürlich mit Sex. Auf den hat der Mann indes weniger Lust, sollte die Frau in seinem Beisein Tränen fließen lassen. Dabei braucht er die salzige Flüssigkeit nicht mal zu sehen, es reicht scheinbar, wenn er daran riecht, damit seine Libido auf den Nullpunkt sinkt.

Dies ist bei Frauen der Fall, wenn sie im Schlafzimmer beispielsweise mit der Merchandising-Bettwäsche von Fußballvereinen konfrontiert werden. Als noch abstoßender empfinden sie es, zum Tragen eines Nachthemds in den Vereinsfarben genötigt zu werden, oder sich anhören zu müssen, dass er sein favorisiertes Team doppelt so lieb hat wie sie und diesem – im Gegensatz zu ihr – auch wirklich ewig treu sein wird.

Doch die Frau kann auch Vorteile aus der Fußballbegeisterung ihres Mannes ziehen. Falls er selbst aktiv spielt (womöglich als Torwart) und beim Heimkick seines Vereins als Sieger vom Platz geht, dann kann sie sich dank des reichlich fließenden Testosterons auf eine heiße Nacht gefasst machen. Zu der wird es allerdings nicht kommen, wenn beide aufgrund der Schnarcherei des anderen völlig übermüdet sind. Deshalb gilt auf lange Sicht: Nebeneinander schlafen zu können ist wichtiger als miteinander zu pennen! Ratsam ist es wahrscheinlich auch, dem Koitus vor dem sportlichen Wettkampf zu entsagen. Allerdings kommt es dabei auf die Sportart, das Geschlecht etc. an. Abstinenz kann hier also nicht guten Gewissens als Patentrezept empfohlen werden.

In Enthaltsamkeit muss sich der Mann aber notgedrungen üben, sollte er keine Partnerin haben, die mit ihm den Koitus vollzieht. Dann heißt es wohl oder übel selber Hand anlegen. Darin ist er allerdings trainiert – und zwar von klein auf. Denn schon während der Schwangerschaft werden dem männlichen Fötus entsprechende Aktivitäten nachgesagt. Auf Dauer ist Selbstbefriedigung indes sicher weniger das Wohl, sondern mehr das Übel und demnach kein adäquater Ersatz für Geschlechtsverkehr. Das bestätigt auch die Wissenschaft. Danach ist Sex fünfmal besser als Masturbation – das gilt jedenfalls für den Mann!

Deshalb ist er stets darauf bedacht, diesen leidvollen Zustand zu beenden. Das Gefährliche dabei: Im Balzmodus ist der Mann nicht unbedingt zurechnungsfähig. Vor lauter Testosteron kann er das Verhalten der Frauen nicht richtig deuten. Das männliche Hormon fließt selbst dann in rauen Mengen, wenn die Frau gar nicht attraktiv ist. Dementsprechend kann man hier wirklich von blinder Balz sprechen. Auf diese sind Stevie Wonder und Andrea Bocelli notgedrungen immer angewiesen. Dabei hegen sie – wie ihre Artgenossen sehenden Auges – Präferenzen für eher kurvige und damit fruchtbarere Frauen. Diese solidarisieren sich indes zeitweise mit den Männern ohne Augenlicht, indem sie selber blind werden – und zwar vor Eifersucht. Dass sie in der Tat schlechter sehen und ihr visuelles Wahrnehmungsvermögen eingeschränkt ist, konnte eine hier vorgestellte Studie belegen.

Aber nicht nur Frauen sind häufig extrem eifersüchtig, kleine Männer ebenso. Diese nicht ganz neue Erkenntnis konnten Forscher inzwischen auch experimentell nachweisen. Dass ein kleinwüchsiger Vertreter seines Geschlechts wie Hugh Hefner Gefühle der Eifersucht zeigt, kann man sich jedoch nur schwer vorstellen. Allerdings dürften die flüchtigen Beziehungen des alternden Playboys auch viel zu oberflächig für eine solche Empfindung sein. Geschuldet ist das vielleicht einer bestimmten Variante auf dem sogenannten Bindungs-Gen. Männer, die diese Genvariante besitzen (das sind immerhin 40 Prozent), tun sich schwerer damit, feste Bindungen einzugehen. Diese wären allerdings eine gute Voraussetzung dafür, Nachwuchs in die Welt zu setzen und ihn großzuziehen. Sollte sich der Vater hingegen nicht um das Kind scheren bzw. sich nicht an der Aufzucht beteiligen, könnte das die Sprachentwicklung des Sprösslings negativ beeinflussen. Denn in den ersten drei Lebensjahren lernt der kleine Racker das Reden anscheinend vom Papa und nicht von der Mama. Von Muttersprache kann also nicht unbedingt die Rede sein.

Letztendlich scheint es aber genau darum zu gehen – Nachkommen zu zeugen und diese (auch verbal) auf das harte Leben vorzubereiten. Sprich: Wie jedes Tier verfolgt auch der Mensch primär nur ein großes Ziel – Reproduktion, Fortpflanzung, Gen-Vererbung, Arterhaltung. So könnte die Quintessenz vieler hier im Resümee noch einmal rekapitulierter Studien lauten, die sich mit der sexuellen Anziehungskraft, mit körperlichen Erscheinungsmerkmalen und mit speziellen Verhaltensweisen auseinandergesetzt haben – mögen sie teilweise auch noch so skurril, absurd oder seltsam anmuten.

Eines jedoch haben all diese Studien einmal mehr vor Augen geführt: Die Geschlechter sind grundverschieden – nicht nur körperlich (wie jeder sehen kann), sondern vor allem auch biologisch, hormonell usw. Und genau das führt eben zu völlig verschiedenen Verhaltensweisen. Bestes Beispiel: sexuelle Anziehungskraft und Fortpflanzung. Beide Geschlechter bedienen sich hier komplett unterschiedlicher Strategien. Während der Mann bevorzugt nach Frauen Ausschau hält, die hübsch (gute Gene) und fruchtbar sind, ihm somit gesunden Nachwuchs versprechen, sucht Frau verstärkt männliche Exemplare, die Ressourcen vorweisen können, die sie bereit sind, in die Beziehung und Partnerschaft, vor allem aber in den Nachwuchs zu investieren.

Mit diesen »profanen« Erkenntnissen der Wissenschaft tun sich sicher viele Menschen schwer. So werden sich beispielsweise erfolgreiche, gut verdienende Frauen erbittert gegen die Unterstellung wehren, es primär auf die Geldbörse des Mannes abgesehen zu haben. Kopfschütteln wird bei vielen auch die Behauptung auslösen, dass der Mensch – das mit weitem Abstand intelligenteste Lebewesen – trotz seines herausragenden Verstandes angeblich Verhaltensweisen an den Tag legt, die Zweifel an genau demselben aufkommen lassen. Die Unterstellung, er verhalte sich zum Beispiel im Hinblick auf den Geschlechtsakt und den damit eigentlich verbundenen Zeugungsversuch ähnlich primitiv wie die ihm weit unterlegene Tierwelt, wird von vielen sicher aufs Heftigste bestritten werden. Der Mensch – immer noch der Sklave seiner Triebe und Hormone!? Ganz sicher nicht!

Genau diese Schlussfolgerung legen jedoch einige der hier vorgestellten Studien nahe. Allerdings können manche dieser Studien auch irren. Schließlich müssen Laborversuche und die daraus gewonnenen Erkenntnisse nicht unbedingt etwas mit der Realität zu tun haben. Das sind absolut berechtigte Einwände, deren sich auch die Wissenschaftler bewusst sind, weshalb sich am Schluss der größtenteils im englischen Sprachraum entstandenen Forschungsarbeiten hin und wieder ein Abschnitt findet, der mit »Limitations« überschrieben ist. Auf diese »Einschränkungen«, die es zu berücksichtigen gilt, soll im Folgenden noch hingewiesen werden.

Es beginnt bereits mit der Fragestellung, der Hypothese bzw. dem Forschungsgegenstand, die primär danach ausgewählt werden, inwieweit sie zu neuen Erkenntnissen führen oder bislang unbewiesene Zusammenhänge belegen. So mancher Wissenschaftler wird sicher nicht nur vom reinen Forschungsinteresse geleitet. Nicht auszuschließen ist, dass er auch die Popularität seiner Erkenntnisse im Blick hat. Psychologen, Anthropologen etc. sind sich durchaus der Tatsache bewusst, dass ihre Studienergebnisse umso mehr Aufmerksamkeit erlangen, je kurioser, verblüffender, erstaunlicher und skurriler sie sind, nicht zuletzt, weil die Medien auf verkaufsträchtige Absonderlichkeiten eher anspringen als auf trockene wissenschaftliche Kost – mag sie auch noch so interessant sein. Was nicht heißen soll, dass die Wissenschaft unseriös arbeitet. Kein seriöser Forscher wird um eines kurzzeitigen öffentlichen Erfolges und medialer Aufmerksamkeit willen seinen guten Ruf in der Zunft leichtfertig aufs Spiel setzen.

Dennoch erweisen sich so einige zunächst spektakulär anmutende Forschungsergebnisse bei näherem Hinsehen als doch eher fragwürdig. Dies war teilweise auch bei den hier vorgestellten Studien der Fall. Des Öfteren mangelte es ihnen beispielsweise an einer repräsentativen Probandenzahl (teilweise nur 15 bis 70 Personen). Aber auch der Typus der Studienteilnehmer war nicht immer unproblematisch. Sehr häufig handelte es sich um Studenten der entsprechenden Hochschulen. Was aber für einen ledigen, zwanzigjährigen College-Studenten aus den USA gilt, muss nicht unbedingt auf einen verheirateten, fünfzigjährigen Bauarbeiter aus China zutreffen. Zudem entsprechen, wie bereits erwähnt, die Laborbedingungen nur selten den Zuständen »in freier Wildbahn«.

Mit einer gesunden Portion Skepsis sind auch die ausführlich dokumentierten Resultate der statistischen Auswertungen zu betrachten – zumal der zugrunde liegende Datensatz meist nicht zugänglich ist. Und wenn doch, kann sich herausstellen, dass Fehler bei der Auswertung oder Interpretation der Daten gemacht wurden.

Universitäre Psychologen, deren Ergebnisse in diesem Buch vielfach zitiert wurden, sind sicher sehr gut ausgebildet, wenn es um Datenerhebung, -auswertung und -interpretation geht. Aber sie sind nun einmal keine ausgewiesenen Statistik-Experten. Dementsprechend sind die Ergebnisse nur mit Vorsicht zu genießen – genauso wie die in der Presse oft vorab veröffentlichten Studienerkenntnisse. Häufig werden diese Meldungen aus der Welt der Wissenschaft von den Printmedien einfach eins zu eins übernommen. Für einen

Blick in die Originalstudien fehlt im hektischen Redaktions-
alltag hingegen meist einfach die Zeit. Abgesehen davon
sind die kompletten Studien bei Vorabveröffentlichungen
eventuell noch nicht (online) verfügbar.

Kritische Fragen, beispielsweise nach der Repräsentati-
vität einer Stichprobe, werden somit genauso wenig gestellt
wie die nach der Signifikanz, den Korrelationen oder der
Kausalität. Fehlen diese kritischen Nachfragen und Recherchen, wird der Leser davon ausgehen, dass die eventuell auf
schmaler Basis gewonnene wissenschaftliche Erkenntnis
zweifelsfrei stimmt und bedenkenlos verallgemeinert werden kann.

Was aber tun, wenn man solche verblüffenden, kuriosen
und skurrilen Meldungen über die neuesten Erkenntnisse
der Wissenschaft in der Zeitung liest? Ganz einfach: den
Artikel interessiert studieren, mit einem Schmunzeln zur
Kenntnis nehmen, ruhig ein paar Restzweifel hegen, eventuell mit dem Lebenspartner oder Freunden darüber diskutieren – und dann im besten Fall, wenn es der Versuchsaufbau der Studie hergibt, selber empirisch forschen, am besten
anhand eigener Feldstudien.

Und wie dabei zu verfahren ist, dazu bietet dieses Buch
hoffentlich viele unterhaltsame Anregungen. Die unabding-
bare Grundvoraussetzung ist allerdings: Der Leser muss
nach der Lektüre weiterhin regelmäßig sein Großhirn aktivieren – und das jetzt nicht unbedingt mithilfe nackter
Frauen (so einfach ist es nicht, liebe Männer!). Es lohnt sich
aber auf jeden Fall!

Denn praktische Forschung kann interessant, spannend
sowie erkenntnisreich sein, und sie kann vor allem eines –
Spaß machen. Sollten die Beobachtungen zudem noch den

Erwartungen und Theorien entsprechen, besteht durchaus die Gefahr, zum Überzeugungstäter, sprich: zum Wissenschaftsgläubigen, zu werden. Der Autor ist durch »realitätsnahe« Überprüfung auch einiger der hier dokumentierten Erkenntnisse tatsächlich zu einem solchen geworden – das konnten auch seine offenbar in Testosteron »marinierten« Hirnwindungen nicht verhindern!